Klaus Höffler-Preißmann

Schreiben
wie im Mittelalter

Klaus Höffler-Preißmann

Schreiben wie im Mittelalter

Initialen und Schmuckrahmen

Ein Lehrbuch mit Vorlagen

Augustus Verlag Augsburg

Die Deutsche Bibliothek · CIP-Einheitsaufnahme

Höffler-Preißmann, Klaus:
Schreiben wie im Mittelalter: Initialen und Schmuckrahmen;
ein Lehrbuch mit Vorlagen / Klaus Höffler-Preißmann. -
Augsburg: Augustus-Verl., 1991
   ISBN 3-8043-0166-5
NE: HST

Umschlaggestaltung: Klaus Neumann, Wiesbaden
Umschlagfoto: Studio Richter & Fink, Augsburg
Fotos im Text: Klaus Höffler-Preißmann
Layout: Anton Walter, Gundelfingen

AUGUSTUS VERLAG AUGSBURG 1992
© Weltbild Verlag GmbH, Augsburg
Druck: Appl, Wemding
Printed in Germany
ISBN 3-8043-0166-5

Inhalt

Einleitung

Für meinen Freund Hans

Aus der Vielzahl von Handschriften, die glücklicherweise auf uns gekommen sind, möchte ich Ihnen einige vorstellen. Es sind genug, damit Sie sich einen Überblick verschaffen können, doch nicht zu viele, um nicht in der Menge den Blick für die Einzelheiten zu verlieren. Daher will ich in den Erklärungen und Anleitungen immer wieder auf Details aus den gleichen Handschriftenseiten kommen, um auf bereits Bekanntes zurückgreifen zu können und nicht durch ständigen Wechsel eine Unruhe zu schaffen, die nur verwirrt. Dabei möchte ich Sie auch einladen, sich intensiv mit einer Komposition - um eine solche handelt es sich ja - eines Buch- oder Kapitelanfangs auseinanderzusetzen, sie immer wieder neu unter einem anderen Aspekt zu betrachten. Sie werden staunen, was es alles zu entdecken gibt, und nach solchen Entdeckungen darauf brennen, selbst zur Feder zu greifen.

Das Buch ist so angelegt, daß Sie sich zuerst in der Geschichte umschauen können, Erklärungen und manchen Hintergrund erfahren, um dann mit geschultem Blick selbst ans Werk zu gehen. Haben Sie diesen schon, hält Sie nichts davon ab, direkt mit dem Kapitel »Handwerkliches Gestalten« zu beginnen.

Alle abgebildeten Handschriften sind Originalhandschriften, die ich verfertigt habe. Es sind keine mittelalterlichen Originale; die befinden sich weiterhin in den Museen bzw. Bibliotheken. Im genauen kunsttechnischen Sinne handelt es sich um Kopien. Da dieser Fachbegriff jedoch wegen seiner Verwechslungsgefahr mit Fotokopien nicht sinnvoll erscheint, nenne ich sie im folgenden *Abschriften*, originale Abschriften von mittelalterlichen Handschriften.

Für diejenigen, denen auch das Lesen und Entziffern der Handschriften Freude bereitet, habe ich alle Texte am Ende des Buches im vollständigen Wortlaut mit Auflösung der Abkürzungen aufgeführt. Die aufgelösten Abkürzungen stehen in runder Klammer, in den Text eingefügte Worte in eckigen Klammern. Wenn etwas gestrichen werden muß, weil es vielleicht keinen Sinn ergibt, ist es in spitze Klammern gesetzt. Wird etwas im Text durch etwas anderes ersetzt, steht zwischen beidem ein Schrägstrich. Alle Texte sind eigene Übersetzungen.

Ein paar Worte zu den Handschriften im einzelnen: Die älteste Handschrift stammt aus Italien und wurde dort um das Jahr 600 nach Christus geschrieben. Der Verfasser, der Kirchenvater Aurelius Augustinus, schrieb im Jahre 401 n. Chr. »Über das Gut der Ehe« - De bono coniugali. Die vorliegende Seite zeigt daraus Kapitel I, ab Vers 1. Die Schriftart des Textes wie die der Überschrift ist die Unziale. Wenn ich im Verlauf des Buches diese Handschriftenseite erwähne, benenne ich sie mit der Kurzform: *Augustinus: Über das Gut der Ehe* (Bild Seite 52).

Aus dem 8. Jahrhundert stammt das Krönungsevangeliar, das mit Gold- und Silbertinte auf Purpur geschrieben worden ist. Der Text entstammt dem Markus Evangelium, auf der abgebildeten Seite finden sich die Verse 1 bis 8 aus dem ersten Kapitel. Die verwendeten Schriftarten sind Capitalis rustica für die Überschrift, Capitalis Romana für den Titel und Unziale für den Text. Im Buch benutzte Kurzform: *Krönungsevangeliar* (Bild Seite 32).

In Amsterdam liegt der wohl bekannteste antike Text: De bello Gallico - Der Gallische Krieg, von Caius Iulius Caesar (100 bis 44 v. Chr.) verfaßt. Die Abschrift bildet die erste Seite des Codex Amstelodamensis ab, der im Übergang vom 9. zum 10. Jahrhundert entstanden ist. Die vierzeilige Überschrift wurde in Capitalis quadrata mit Anlehnung an die Unziale geschrieben, die Zwischenüberschrift in reiner Unziale und der Text in Karolingischer Minuskel. Im Buch benutzte Kurzform: *Caesar: Gallischer Krieg* (Bild Seite 76).

Aurelius Augustinus (354 bis 430 nach Chr.) schrieb Erläuterungen zu Psalmen - Enarrationes in Psalmos. Es handelt sich um Predigten, die bestimmte biblische Texte zum Gegenstand hatten. Die hier geschriebene Seite behandelt den Psalm 51. Der Text beginnt zwar mit »Der Psalm ist kurz«, aber die verwendete Schriftart läßt viele Erläuterungen auf recht geringem Platz zu, der große Vorteil der Gotischen Schriften. Hier ist - genau betrachtet - die ausgehende Karolingische Minuskel im Übergang zur späteren Textura mit zahlreichen Abkürzungen verwendet worden. Um die Jahre 1160/1165 wurde der Text im Kloster St. Maria Magdalena in Großfrankenthal bei Worms geschrieben. Die Initiale P wurde wahrscheinlich im 15. Jahrhundert übermalt, da sie in der früheren Form für den Zeitgeschmack als zu spröde galt. Kurzbezeichnung: *Augustinus: Psalm 51* (Bild Seite 63).

Neben Handschriftenseiten mit reinem Text eignen sich auch Texte mit Musiknoten zum Abschreiben wie diese hochmittelalterliche Graduale. Sie trägt den Titel von dem Bild in der Initiale: Anbetung der Hirten - Adorazione dei Pastori. Der Initialbuchstabe ist ein *T*, in dessen Innerem sich das Bild befindet. Der Text ist leider zu kurz, um einen Sinnzusammenhang herstellen zu können. Er sei dennoch der Lesbarkeit halber hier wiedergegeben: Tecum / princi / pium in die vir / tutis tue in splendo / ribus sancto- rum ex / ... Aufbewahrt ist das Original in Siena, Italien, in der Dombibliothek der Picolomini und entstammt dem Codex 2B, Kapitel 26. Diese Handschriftenseite wird benannt: *Graduale: Anbetung der Hirten* (Bild Seite 17).

Daß auch ein vermeintlich trockener Inhalt schöne Handschriftenseiten füllen kann, beweist diese Seite: Eine lateinische Grammatik. Der Grammatiker Aelius Donatus lehrte im 4. Jahrhundert nach Chr. in Rom. Er verfaßte einen Abriß der Lateinischen Grammatik (Ars maior), daneben einen kürzeren Auszug für den Anfangsunterricht (Ars minor). Bis ins Mittelalter und länger waren diese die meistgebrauchten Schulgrammatiken. Hier liegt Ars minor Kapitel I, ab Vers 1 vor. Vermutlich wurde dieses Blatt am Mittelrhein in der Zeit zwischen 1430 und 1470 geschrieben. Die Schriftart ist Textura. Kurzbezeichnung: *Donatus: Grammatik* (Bild Seite 8).

Ebenfalls aus dem 15. Jahrhundert, aber aus Italien, stammt die Handschrift mit einem Brief des Cicero. Marcus Tullius Cicero schrieb Briefe an Brutus - Epistulae ad Brutum. Diesen hier schrieb er im Jahre 43 vor Chr. Die verwendete Schriftart ist die Capitalis Romana, in der letzten Zeile Karolingische Minuskel.

Interessant ist in der 8. bis 9. Zeile ein Begriff in griechischer Sprache und Schrift, der übersetzt »eindrücklicher« heißt. Der Wechsel der Schrift bewirkt bereits optisch, daß der Leser auf dieses Wort aufmerksam gemacht wird; damit soll die Wirkung der Schrift die Bedeutung des Wortes verstärken. Die im Buch verwendete Kurzform für diese Handschrift ist: *Cicero grüßt Brutus* (Bild Seite 47).

Arteſoꝛacõis
Quot ſunt. Octo
Que. nomen p̄
nomen Verbum, ad=
uerbiũ, partiꝽꝑiũ
Coniunctio, p̄oſi=
cio, Interiectio, no=
men quid eſt parſoꝛacõis cũ caſu coꝛpus
aut rem ꝓprie cõmunter ꝺe ſignificans, pro=
prie ut rom a tyberis, cõmuniſer ut vrbs
flumen, nomini quot accidũt, ſex, Que,
Qualitas, Compacio, Henuꝗ, Numeꝛ
Figura Caſuꝗ, Qualitas noſm in quo ē
Ꞵiperhta eſt, quomodo, aut enim unius
rei nomen eſt et ꝓpriũ dicitur aut multoꝛũ
et eſt appellatiuum, Comparacõis gra=
dus. quot ſunt, Ꞇres, qui, Poſitiuus ut
doctus compatiuus ut doctioꝛ, ſuplatiuus
ut doctiſſimus, Que nomina conꝑant²

Historische Grundlagen

Aufbau einer Hand- schriftenseite

Wenn man mittelalterliche Handschriften anschaut, so erkennt man fünf Elemente: Text, Anfangsbuchstaben (Initiale, von lateinisch initium = der Beginn), Überschrift, Verzierungen und Rand.

Meist besteht nur die Anfangsseite eines Buches aus allen fünf Teilen, ganz selten die eines Kapitels. Der größte Teil der Handschriften ist einfacher gestaltet und besteht lediglich aus Text und Rand. Doch gerade die selteneren schönen, reich verzierten Seiten, die das Auge besonders erfreuen, sollen uns hier beschäftigen: erst die einzelnen Teile, dann ihr Verhältnis zueinander.

Der Text

Im Text eines Buches steckt die Information, die ein Autor seinen Lesern geben will. Diese Information wird als Text vervielfältigt und immer wieder neu abgeschrieben. Für uns ist nicht der Inhalt, um dessentwillen ein Buch verfaßt wurde, interessant, sondern die Form, in der ein Schreiber den Text gestaltete.

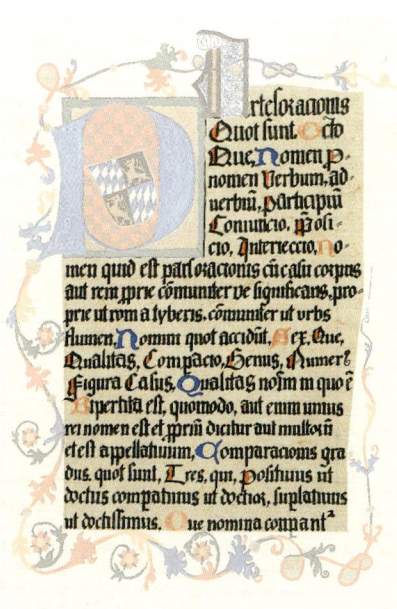

Handschrift links:
So schön sah im frühen 15. Jahrhundert die Seite einer Schulgrammatik aus (siehe Seite 67).

Individualität

Der Text erscheint in den Schriftarten, die in den jeweiligen Jahrhunderten üblich waren (z. B. Capitalis quadrata ab 1. bis 2. Jahrhundert, Karolingische Minuskel 9. bis 12. Jahrhundert). Beim Schreiben war weniger die typische Handschrift des einzelnen Schreibers als vielmehr die Schriftart der Epoche maßgeblich. Individuelle Eigenarten lassen sich dennoch unterscheiden. So wissen wir z. B., daß der Codex Palatinus Latinus 203 bis 205 (Augustins Ausführungen zum Psalm 51) von vier verschiedenen Leuten im Kloster St. Maria Magdalena in Großfrankenthal bei Worms geschrieben wurde, die alle bemüht waren, die gleiche Schrift (in diesem Falle die Gotische Minuskel des 12. Jahrhunderts) zu schreiben.

Schriftarten

Eine kleine Schriftenkunde gibt einen Überblick über die gebräuchlichsten Schriftarten der lateinischen Buchstaben.

Capitalis Romana

Diese Buchstaben wurden im Rom des 1. Jahrhunderts in Stein gemeißelt und eignen sich nicht zum normalen Schreiben. Aus der Capitalis Romana leiteten sich die beiden nächsten Schriftarten ab.

INNOVAF

Capitalis quadrata

Man kennt diese Schrift etwa seit dem 1. bis 2. Jahrhundert nach Christus. Es sind Großbuchstaben (Majuskeln) ohne Ober- und Unterlängen, die streng und feierlich wirken. Es ist die klassische Schrift für klassische Literatur.

INNOVAFERTA MVTATASDIC

Capitalis rustica

Diese Schrift ist ebenfalls seit dem 1. bis 2. Jahrhundert nach Christus bekannt. Es ist eine schneller zu schreibende Majuskel-Handschrift, deren Buchstaben recht schmal sind. Die Querstriche werden nur angedeutet.

INNOVAFERTANIMVSMVTATASDI CORPORADICOEPTISNAMVOSMVTA

Unziale

Diese Schrift war vornehmlich ab dem 3. Jahrhundert bis etwa ins 8. Jahrhundert gebräuchlich. Es handelt sich auch hier um eine reine Majuskel-Handschrift mit einer Tendenz zu Rundungen. Sie war besonders beliebt beim Niederschreiben christlicher Literatur.

JNNOUAFERTAN JMUSMUTATASÒ

Halbunziale

Sie stammt aus der vorkarolingischen Zeit des 6. bis 7. Jahrhunderts. In dieser Schrift entwickeln sich Kleinbuchstabenformen (Minuskeln) durch Ober- und Unterlängen. Diese Schrift war besonders in irischen und englischen Klöstern verbreitet.

IN NOUA FErt animus mutatas dicere For

Karolingische Minuskel

Diese im 9. bis 12. Jahrhundert verbreitete Schrift war zuerst in der Schweiz, Frankreich, Deutschland und Oberitalien gebräuchlich. Später kam sie nach Unteritalien, Spanien und England. Es ist eine gut lesbare Minuskel mit klarer Worttrennung und großen Zeilenabständen. Daraus ergibt sich Weite und Helligkeit. Es gab keine Ligaturen (Buchstabenverschmelzung z.B. A und E zu Æ in der Capitalis Romana) oder Abkürzungen. Für die Überschriften wurde die Capitalis rustica oder die Unziale verwendet.

In noua fert animuf · mutataf corpora di coeptif · nam uof m

Übergangsschriften

Im 11./12. Jahrhundert finden sich Übergangsschriften aus den vorherigen Schriftarten, die mehr hoch als breit sind und bei denen die Buchstaben näher zusammenrücken. Dadurch wird das Schriftbild schmäler. Es sind die Anfänge des gotischen Schriftempfindens.

Gotische Minuskel

Das ist die vorherrschende Schrift ab dem 12. Jahrhundert. Die Rundungen werden immer häufiger mit Brechungen geschrieben. Wie in der Architektur wird aus dem romanischen Rundbogen ein gotischer Spitzbogen. Die feinen An- und Abstriche berühren sich fast. Es entsteht ein dichtes, fast schwarzes Schriftbild, das wie »gewebt« (Gewebe = Textura) erscheint.

in nova fert animus mutatas dicere formas

Textura

Im 14./15. Jahrhundert liegt der Höhepunkt der gotischen Schriften mit einem großen Formenreichtum. In der Textura ist die Gutenberg-Bibel gedruckt.

In nova fert animus mutatas dicere formas corpor nam vos mutaftis et illas adfpirate meis primaque

Antiqua

Etwa ab dem 15. Jahrhundert entwickelte sich die Antiqua der Renaissance. Es ist eine Schrift, die aus der Vereinigung der karolingischen Minuskel und der Capitalis quadrata aus der römischen Kaiserzeit entstand. Die Antiqua galt für die Humanisten jener Zeit als die klassische Schrift der Antike.

In nova fert animus mutatas dicere corpora, di coeptis - nam vos mutas

Schwabacher

Es ist die Schrift des späten 15. Jahrhunderts bis in die 1. Hälfte des 16. Jahrhunderts in Deutschland. Sie entstand aus der Weiterentwicklung gotischer Formen mit einem Nebeneinander von runden und spitzen Formen als Übergangsschrift von der Gotik zur Renaissance. Im 19. Jahrhundert galt die Schwabacher als typische altdeutsche Schrift.

In nova fert animus mutatas dicere formas corpora, di coeptis nam vos mutaftis et illas

Fraktur

Bekannt ab dem 15. Jahrhundert, setzt sich gegen Ende des 16. Jahrhunderts die Fraktur gegen die Schwabacher durch. Die Fraktur ist eine gotische Schrift, bei der die Buchstaben »gebrochen« sind. Schmucke Großbuchstaben (»Elefantenrüssel«) und ausgeprägte Ober- und Unterlängen sind kennzeichnend. Typisch sind auch die gespaltenen Schäfte bei den Buchstaben b, h, k, l. Dieses Spielen mit dekorativen Elementen macht die Fraktur zu *der* Schrift des Barock.

In nova fert animus mutatas dicere formas corpora / di coeptis nam vos mutaftis et illas

Griechische Schrift

Griechische Texte wurden selbstverständlich in griechischer Schrift geschrieben. ① zeigt ein zeitgenössisches, ② ein griechisches Alphabet aus dem 6. Jahrhundert.

	①	②		①	②
a	A α	λ	n	N ν	N
b	B β	B	x	Ξ ξ	Ξ
g	Γ γ	Γ	ŏ	O o	O
d	Δ δ	Δ	p	Π π	Π
ĕ	E ε	Є	r	P ρ	P
z	Z ʒ	Z	s	Σ ς,σ	C
ē	H η	H	t	T τ	T
th	Θ ϑ	Θ	y	Y υ	Y
i, j	I ι	I	ph	Φ φ	Φ
k	K κ	K	ch	X χ	X
l	Λ λ	λ, Λ	ps	Ψ ψ	Ψ
m	M μ	M	ō	Ω ω	ω

Verzierungen im Text

Fast immer wird der gesamte Text ohne weitere Ausschmückungen geschrieben. Die traditionellen Schreibfarben sind Schwarz oder Schwarztöne. In der Gestaltung einer Buchanfangsseite wird jedoch auch versucht, den Textteil hervorzuheben. Das geschieht z.B. durch die Verwendung verschiedener Farben: Hier wechselt rot mit orange bzw. jede fünfte Zeile rot mit blau ab, so daß sich folgendes Muster ergibt:

1. Zeile: o - b - o - b - o - b - o
2. Zeile: r - o - r - o - r - o - r
3. Zeile: o - r - o - r - o - r - o
4. Zeile: r - o - r - o - r - o - r
5. Zeile: o - b - o - b - o - b - o
usw.
(o = orange
 b = blau
 r = rot)

Da nicht alle Zeilen gleich viele Buchstaben haben, kommt es vor, daß am rechten Rand die gleiche Farbe erscheint, mit der auch die nächste Zeile wieder beginnt. Der Schreiber hat aber immer darauf geachtet, daß sich die untereinanderstehenden Buchstaben am Anfang der Zeilen in der Farbe abwechseln.

Die schwarzen Buchstaben eines Textteils lassen sich auch durch einige rot bzw. gold oder silber ausgemalte Großbuchstaben auflockern. Die Auswahl der hervorgehobenen Buchstaben erscheint willkürlich, sicher ein reizendes Spannungsverhältnis zur strengen Schriftart Textura.

Keine Verzierungen im eigentlichen Sinn sind die vielen Abkürzungen, auch Abbreviaturen genannt. Zweifellos können auch sie eine entsprechende optische Wirkung erzielen, wie in dem Text des Augustinus.

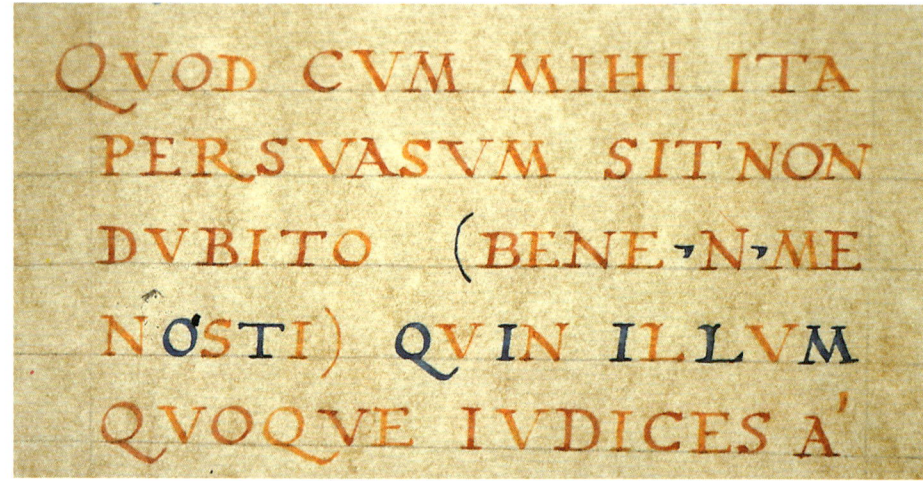

Die Farbe der Buchstaben wechselt zwischen orange, blau und rot (Ausschnitt aus »Cicero grüßt Brutus«)

Großbuchstaben werden farblich hervorgehoben (Ausschnitt aus »Augustinus: Psalm 51«)

Gold und Silber, oder wie hier Kupfer, sind besonders attraktiv (Ausschnitt aus »Donatus: Grammatik«)

Zum Lesen und eigenen Verwenden beim Schreiben seien hier die gängigsten Abkürzungen aufgeführt:

$c\bar{u}$	= cum	(mit)		$pp\bar{\tau}$	= propter	(wegen)
$d\bar{r}$	= dominus	(Herr)		$ppli$	= populi	(des Volkes)
$a\ d\bar{n}o$	= a dominio	(vom Herrn)		q	= -que	(und)
$\mathcal{E}$, $\&$	= et	(und)		q	= qui	(der; die)
$\mathring{g}$	= ergo	(also)		$q'd$	= quid	(was)
$\bar{n}$	= non	(nicht)		$q\mathring{d}$, $q\bar{d}$	= quod	(das; was)
$\dot{n}$	= nisi	(wenn nicht)		$\int c\,\bar{d}m$	= secundum	(gemäß)
$n\bar{a}$	= nam	(denn)		$\int c\,\delta m$		
$n\bar{rm}$	= nostrum	(unser)		$x\bar{pc}$	= Christus	
p	= per	(durch)		—	= angehängtes -m	
$\bar{p}$, $\mathring{p}$	= prae-	(vor-)		ϑ	= angehängtes -us	
p	= pro	(für)		υ	= angehängtes -ur	

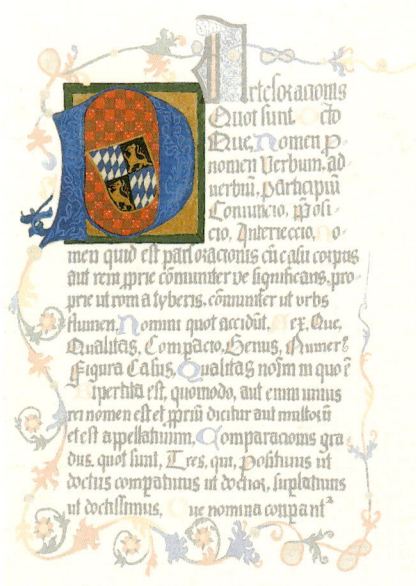

Die Initiale

Eine Handschriftenseite mit einer schön gestalteten Initiale ist fast immer ein Prachtstück. Jeder Blick wird auf den Anfangsbuchstaben gelenkt, bevor die Schrift des Textes wahrgenommen wird.

Blick- und Angelpunkt

Die optische Orientierung erfolgt durch die Initiale. In Anbetracht der Tatsache, daß es in einem mittelalterlichen Buch viele Seiten gab, die nur den fortlaufenden, ungeschmückten Text enthielten, mußte eine Seite mit Initiale beim Blättern sofort auffallen, zumal es *keine Zwischenüberschriften* gab, wie wir sie heute kennen. Auch bekannte Einteilungen alter Schriften, wie die Kapitel der Biblischen Bücher, sind erst in der Neuzeit vorgenommen worden. Auch gab es noch *keine Seitenzahlen*, an denen man sich hätte orientieren können. Das dürfte mit dem Vorläufer des Buches zusammenhängen, der »Buchrolle«, die, da sie ja keine Seiten hatte, auch keine Seitenzahlen brauchte. Eine ca. 40 cm hohe und 10 bis 15 m lange Rolle, die auf der rechten Seite auf einen Stab aufgerollt war, auf der linken Seite einen - noch »leeren« Stab hatte, rollte man beim Lesen von rechts nach links, so daß die Rolle zum Schluß auf dem linken Stab aufgerollt war. Den großen Nachteil der Rolle, erst bis zu 15 m vom rechten Stab auf den linken umrollen zu müssen, um einen Abschnitt kurz vor Ende des Gesamttextes nachzulesen, beseitigte die Buchform. Jetzt gestattete eine Anzahl aufeinandergehefteter, viereckiger Blätter den Zugriff zum Text an jeder gewünschten Stelle. Ab dem 4. Jahrhundert setzte sich die Buchform durch.

Illustration eines Textes

Ursprünglich sind die Anfangsbuchstaben als Buchstaben nur durch ihre Größe, ihre Farbgebung oder ihren Hintergrund hervorgehoben worden. Zunehmend wurden dann Bilder in die Anfangsbuchstaben gemalt, die Inhalte des Textes behandelten. Durch ein solches Bild wurde der Leser bereits am Beginn auf einen wichtigen Teil des Textes aufmerksam gemacht. Mit der Initiale verbindet sich somit die Einstimmung des Lesers auf das Thema, oft eine Zusammenfassung oder Interpretation des Textes aus der Sicht des Schreibers bzw. des Malers. Allmählich wurde die Initiale passend zur Illustration verändert, z. T. so stark, daß es heute schwierig ist, durch das Bild hindurch den Buchstaben an sich zu entziffern.

Ursprung der Buchmalerei

Diese Tendenz erreicht ihren Höhepunkt in dem Moment, in dem der Buchstabe keine Rolle mehr spielt und sich die Bilder völlig von ihm gelöst haben. Die Buchmalerei ist entstanden, in der Bilder ganz für sich stehen, eingestreut in den Text. Unabhängig von der Initiale führt die Buchmalerei fortan ihr Eigenleben.

Präsentation von Besitz

In der Zeit, da es wenig Bücher gab, hatten Bücher auch die Aufgabe, den Reichtum ihres Besitzers zu repräsentieren. Dies konnte durch äußere Prachtentfaltung, z. B. durch aufgesetzte Edelsteine oder ausgewählte, teure Einbandmaterialien, geschehen, aber auch durch besondere Ausstattung der Textseiten, namentlich Verzierungen und Initialen. Je häufiger und je mehr mit Gold und Silber unterlegte Initialen den Text schmückten, um so reicher und auch kunstverständiger galt der Eigentümer.

Das Bild in der Initiale T faßt den nachfolgenden Text zusammen: Anbetung der Hirten. Diese hochmittelalterliche Graduale für den Meßgebrauch stammt aus der Dombibliothek von Siena, Italien, und zeigt einen großen Formenreichtum bei der Gestaltung des Zierrahmens und in der Initialenmalerei.

Christliches Interesse

»Am Anfang war das Wort, und das Wort war bei Gott, und Gott war das Wort.« So beginnt das Johannesevangelium. Wer wie die Christen im Wort eine solche Kraft sieht, der bringt auch dem geschriebenen Wort eine besondere Hochachtung entgegen. Die christlichen Schriften sind aus dieser Einstellung heraus sorgfältig geschrieben. Man benutzte wertvolle Tinten und verwendete viel Mühe auf die Initiale, die ein Evangelium oder einen Brief eröffnete. Oft wurde das Pergament sogar mit Purpur eingefärbt. Purpur war in der Antike den höchsten staatlichen Institutionen vorbehalten, den Consuln der Römischen Republik oder später den Kaisern. Als aber das Christentum im vierten Jahrhundert Staatsreligion wurde, der Kaiser somit der oberste Beschützer der Christenheit war, verband sich beides, und die christlichen Buchschreiber bzw. -maler konnten auch Purpur zur Verschönerung verwenden.

Eine goldene Initiale auf einem mit Purpur gefärbten Pergament - dies war erst einer heiligen Schrift angemessen.

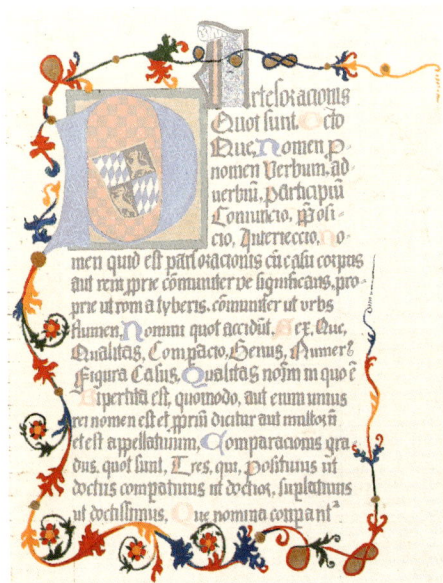

Verzierungen

Verzierungen lassen eine Seite prachtvoll erscheinen. Daher ist die Wahl der Mittel und Motive unbegrenzt, wenn sie nur diesem Ziel dienen.

Ein »nackter« Rand bildet einen harten Kontrast zum Text. Eine Verzierung mildert diesen harten Gegensatz, indem sie einen Übergang vom Text zum Rand herstellt. Eine Verzierung lockert den Gesamteindruck auf. Die meisten Texte erscheinen als eine mehr oder weniger homogene Masse im Zentrum der Handschriftenseite. Die gleichmäßig verlaufenden Zeilen vermitteln einen statischen Eindruck.

Dem wirken die Farbigkeit und die Struktur einer Verzierung entgegen: Ornamente, Pflanzenranken, Blüten, Figürchen, Tiere usw. schlängeln, ranken, winden, kringeln sich und machen das Bild lebendig. Phantastische Blumenranken werden an ihren Enden zu Tieren, deren Zungen sich aus weit aufgesperrten Schnäbeln wiederum als Schlingpflanzen aufrichten. Goldene Bälle oder Kugeln tanzen zwischen grünen, blauen, roten Ranken, Strahlen vergrößern noch ihre Wirkung. Kurzum, es ist eine prachtvolle Phantasiewelt, die Anleihen bei der Natur macht. Wenn man mehrere Handschriften vergleicht, sieht man aber auch, wie sich Kompositionselemente wiederholen.

Vorlagen zum Abzeichnen finden Sie in einem eigenen Kapitel. Diese Vorlagen erlauben es Ihnen, Originale nachzuzeichnen und eigene Zusammenstellungen vorzunehmen.
Spielen Sie mit Formen und Farben!

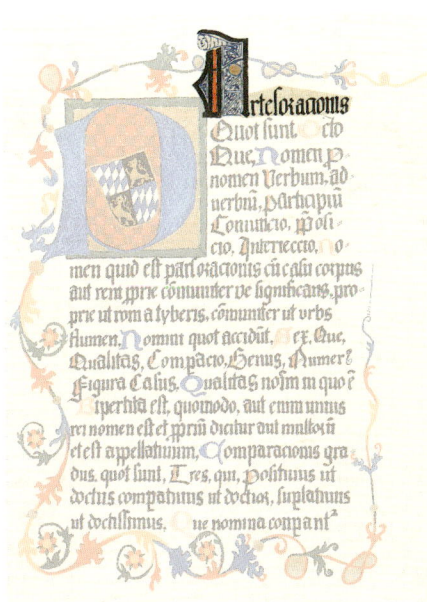

Die Überschrift

Die Überschrift besteht hier aus der Initiale »P« und einer Überschriftenzeile »Artes orationis«, d.h. die Teile einer Rede.

Es gibt *zwei Arten* von Überschriften: eine Überschrift im eigentlichen Sinne, bei der ein Wort oder ein Begriff den Inhalt des nachfolgenden Textes zusammenfaßt oder vorgibt - wie in dem Beispiel hier -, oder die andere Möglichkeit, daß der Text unvermittelt beginnt und die ersten Worten des Textes zur Überschrift gemacht werden. Ein Beispiel aus der Bibel mag dies verdeutlichen: Die Griechen nannten das 1. Buch Mose »Genesis«, d.h. »Erschaffung (der Welt)«, die Hebräer bezeichneten es nach dem ersten Wort des Textes »Bĕreschit« d.h. »Am Anfang (schuf Gott Himmel und Erde)«.

Die Überschriftenzeile, Begriff wie Textanfang, hat die *Aufgabe*, einen Text *zu definieren*. Diese Definition gilt auch für die nachfolgenden Teile, so daß traditionell keine weiteren Kapitelüberschriften auftauchen (vgl. die zu dem Thema beschriebenen Schwierigkeiten im Kapitel »Initiale - Blick- und Angelpunkt«).

Die Überschriftenzeile ist fast immer in einer anderen *Schriftart* als der nachfolgende Text geschrieben.

Üblich war die Capitalis quadrata, ab dem 8. Jahrhundert wurde aber auch, wenn man eine »alte« Schriftart wählen wollte, die Capitalis rustica benutzt.

Es kann auch *mehrere* Überschriftenzeilen geben, wenn ein Schreiber weitere, ihm wichtig erscheinende Angaben machen wollte, oder bei späteren Abschriften die ursprüngliche Überschrift ergänzt wurde.

Auch die *Farbe* spielt zur Hervorhebung einer Überschriftenzeile eine Rolle: Rot wird gern bei schwarzer Handschrift verwendet, bei goldener Schrift Silber, wie die Bildbeispiele zeigen.

Daneben weist die *Größe* der Überschriftenzeile deutlich darauf hin, was zuerst auf der Seite gelesen werden soll.

Eine vierzeilige Überschrift in der Capitalis quadrata (Ausschnitt aus »Caesar: Gallischer Krieg«)

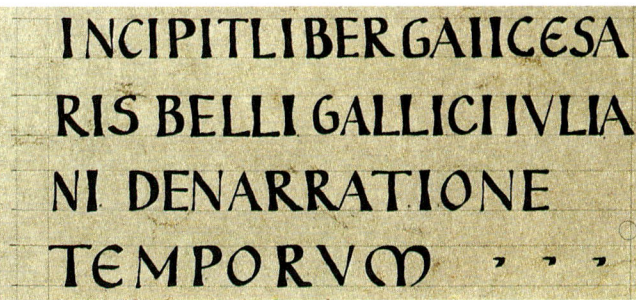

Eher altertümlich wirkt diese Überschrift in der Capitalis rustica (Ausschnitt aus »Krönungsevangeliar«)

Eine Überschrift wird durch eine weitere (hier in der Unziale) ergänzt (Ausschnitt aus »Caesar: Gallischer Krieg«)

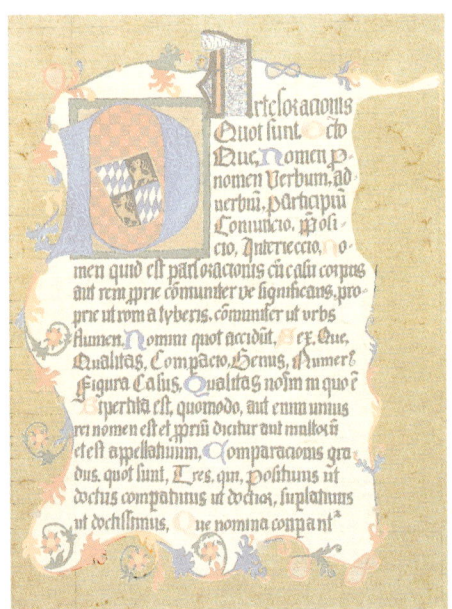

Der Rand

Auch wenn der Rand unbedeutend erscheint, so ist er doch einer Betrachtung wert. Der Rand ist nichts als die Fläche, die zwischen dem beschriebenen und bemalten Teil im Innern und den Rändern des Blattes liegt. Die Größe dieser Fläche will jedoch wohlüberlegt sein. Sie bildet den Sockel, auf dem die Schrift und der Zierrahmen ruhen.

Ist der Rand zu schmal, hat man das Gefühl, die Schrift fiele aus dem Bild heraus. Ist der Rand zu breit gewählt, verliert sich die Schrift in der großen eintönigen Fläche.

Historisch hatte der äußere, obere und untere Rand eine Schutzfunktion für den Text, da beim Benutzen des Buches dort geblättert wurde und dort auch das Papier am meisten eingerissen und beschmutzt wurde. Der innere Rand war zum Heften vonnöten. Da wir heute unser fertiges Handschriftenblatt weder zum Buch binden noch strapazieren wollen, zählt allein die optische Wirkung. (Vgl. dazu Kapitel »Passepartout und Bilderrahmen«).

Das Verhältnis der Teile zueinander

Die Zahlen bedeuten:
1 - Text 4 - Überschrift
2 - Initiale 5 - Rand
3 - Zierrahmen

Der Text, die Initiale, die Überschrift und der Rand bilden ein harmonisches Ganzes. Wenn man sich viele Handschriftenseiten ansieht, bemerkt man, daß die Farben aufeinander abgestimmt wurden, und daß die Größen der einzelnen Teile zueinander passen.

Ein paar Beispiele für die Harmonie der Proportionen seien hier vorgestellt, auch wenn es eine ideale Aufteilung kaum gibt.

Augustins »Erläuterungen zum Psalm 51« bieten neben einer fast überdimensionierten P-Initiale zwei Überschriften, dafür keinen Zierrahmen. Die Gliederung des Textes in zwei Kolumnen (Säulen) sorgt für eine optisch stabile Aufteilung und hält dem P die Waage.

Verhältnis der Bildteile zueinander
»Donatus: Grammatik«

Augustinus:
Erläuterungen zu Psalm 51

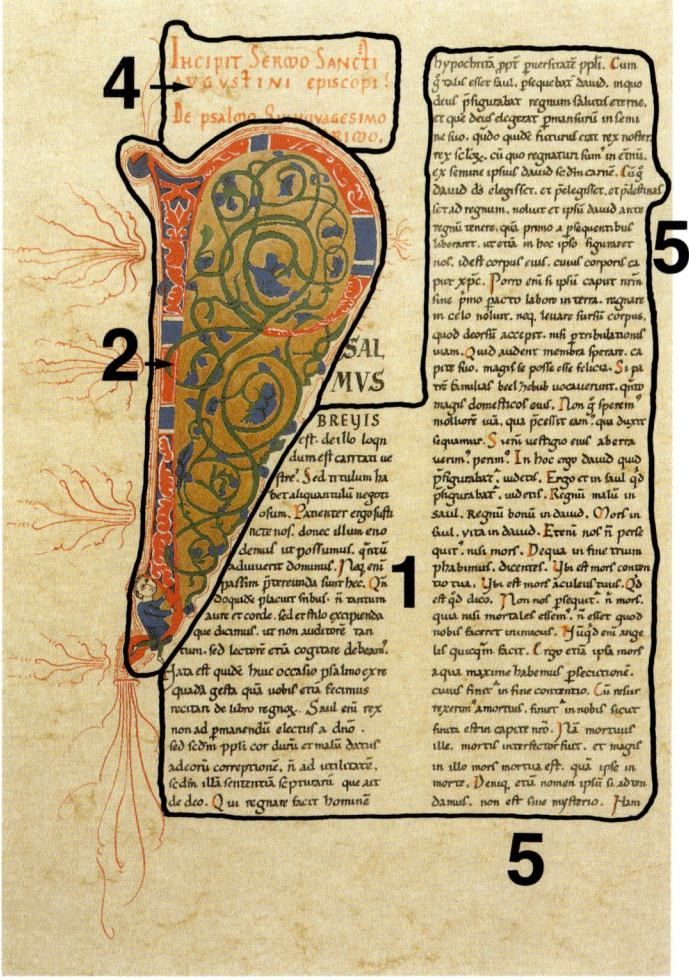

Gegenüber der prachtvollen P-Initiale des Psalmus wirkt das G in Caesars »Gallischem Krieg« sehr schlicht. Die Wirkung beruht hingegen auf der vierzeiligen Überschrift, die sich von einer zweiten Unterschrift deutlich abhebt. Auf einen Zierrahmen wurde verzichtet; zu den Blockbuchstaben der Überschrift würden verspielte Ranken auch wenig passen.

Ganz einfach ist Augustins »Über die gute Ehe« gestaltet: Eine Initiale q, die nur durch ihre Größe auffällt, eine Überschrift, die eher schüchtern wirkt und das Fehlen jeglichen Zierrats lassen allein den Text in Unziale mit Lücken nach Satzenden und großen Anfangsbuchstaben zur Geltung kommen. Der obere Rand ist zu schmal geraten (vielleicht wurde die Überschrift später hinzugefügt).

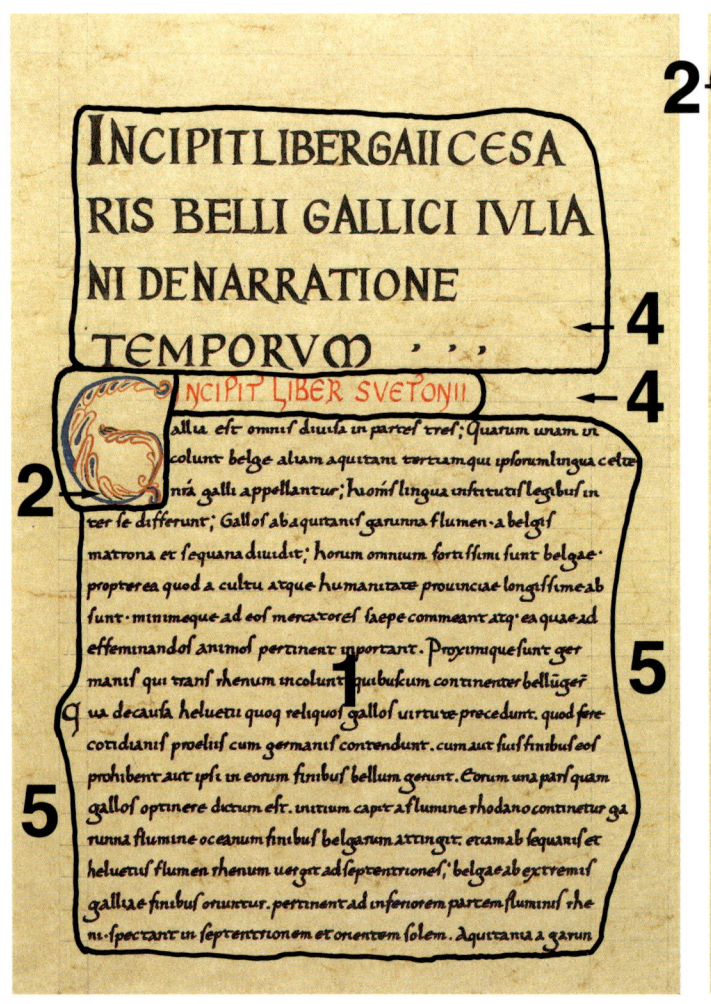

Caesar:
Gallischer Krieg

Augustinus:
Über das Gut der Erde

Bei der Graduale »Anbetung der Hirten« fehlt zwar eine Überschrift, doch wird das mehr als reichlich durch die bebilderte Initiale und den aufwendigen Zierrahmen ausgeglichen.

»Cicero grüßt Brutus« eine Überschrift in der gleichen Schriftart wie der Text, durch die daruntergesetzte Initiale L jedoch vom Text abgetrennt, leitet den Brief ein. Der Schriftartwechsel in der letzten Zeile läßt sich auch so deuten, daß die ganze erste Seite als eine Art Überschrift verstanden werden will.

Graduale:
Anbetung der Hirten

Cicero grüßt Brutus

Beim Krönungsevangeliar wurde sowohl die Überschrift als auch die Initiale gedoppelt, so daß die eigentliche Initiale I schon die Funktion eines Zierrahmens übernimmt.

Krönungsevangeliar

Mittelalterliches Arbeiten

Von der Antike bis zum Mittelalter hat sich, obwohl einige Jahrhunderte vergangen waren, schreibtechnisch gesehen kaum etwas verändert. Bekannt ist das *scriptorium*, die »*Schreibstube*«, in der etliche Leute arbeiteten, indem sie teils abschrieben, teils nach Diktat schrieben. Dabei diktierte ein Vorleser oft bis zu zwölf Schreibern. Sie saßen wie Schüler früher in der Schule um die Jahrhundertwende einzeln in Bänken oder standen an Pulten. Den Text schrieben sie in der Qualität so gut oder so schlecht, wie sie ihn eben gehört und verstanden hatten. *Hörfehler* waren an der Tagesordnung, so daß in einer guten Schreibstube ein »Corrector«, ein Kontrolleur, die Schriften nach Fertigstellung mit dem Originaltext verglich und notfalls verbesserte. In weniger guten

Schreibstuben entfiel dieser letzte Arbeitsgang, worunter die Qualität der Texte litt. Verstand ein Schreiber einen Begriff nicht, schrieb er entweder etwas hin, was so ähnlich klang, oder versuchte, nach dem Sinn zu urteilen, und wählte ein seiner Meinung nach passendes Wort.

Wenn der Text zum Abschreiben neben den Schreibern lag, waren *Abschreibfehler* ebenso möglich:

Möglicher Abschreibfehler bei gleichem Zeilenanfang (Ausschnitt aus »Augustinus: Psalm 51«)

Mittelalterliche Schreibstube (scriptorium) Ausschnitt aus der Darstellung eines scriptoriums im Kloster San Salvador de Tábara. Tábara-Beatus, 970.

Fingen beispielsweise zwei untereinanderliegende Zeilen mit dem gleichen Wort an, konnte es passieren, daß der Schreiber, während er noch in der ersten Zeile schrieb, beim erneuten Ablesen in die zweite, gleichaussehende Zeile rutschte und diese weiterschrieb. Daß dies den inhaltlichen Sinn zerstörte, leuchtet ein, doch wurde ein Schreiber zum Denken meistens nicht ermuntert. Auch innerhalb eines längeren Wortes konnten gleichlautende, aufeinanderfolgende Silben einen Schreiber verführen, die Silbe nur einmal zu schreiben (Fachwort: Haplographie). Auch das Gegenteil geschah, aus einer Silbe bzw. aus einem Wort wurden aus Unachtsamkeit zwei (Dittographie).

Da bei manchen Schriftarten, wie z. B. der Unziale, kein Abstand zwischen den Wörtern gelassen wurde, wurde dem Schreiber das Verständnis erschwert - eine weitere Fehlerquelle. Waren neben den Text Erklärungen eines früheren Lesers geschrieben, konnte es vorkommen, daß diese Randbemerkungen (Marginalia) nachher in den eigentlichen Text aufgenommen wurden, obwohl sie dort nicht hingehörten.
Auch störten viele Abkürzungen (Abbreviaturen), Verbindungen von Buchstaben (Ligaturen) und ganz einfach Unleserlichkeiten eine fehlerfreie Abschrift.

Die *Beleuchtung der Arbeitsfläche* war nach heutigen Maßstäben im Mittelalter in der Regel völlig unzureichend. Tageslicht drang durch die meist kleinen Fenster viel zu wenig in den Schreibsaal, Kerzen und Öllampen flackerten und rußten, sie waren grundsätzlich zu dunkel. Unter diesen Umständen ist es fast erstaunlich, wie richtig viele Texte überliefert worden sind.

Heute arbeitet ein Zweig der Literaturwissenschaft, die *Textkritik*, daran, die beste und möglichst ursprüngliche Form eines Textes herzustellen.

Der eingeklammerte Textteil geriet als ehemalige Randbemerkung in den eigentlichen Text. Es geht im Text um den Unterschied zwischen allgemeinem Begriff und individueller Bezeichnung (Eigennamen z. B.).
Ein früherer Leser bemerkte am Rand dazu: »Speziell wie Rom und Tiber, allgemein wie Stadt und Fluß.«
Das leuchtete einem späteren Abschreiber so gut ein, daß er diese Erklärung in den fortlaufenden Text übernahm. (Ausschnitt aus »Donatus: Grammatik«)

Abkürzungen erschweren das Lesen (Ausschnitt aus »Augustinus: Psalm 51«)

Zusammenziehung von Buchstaben (Ligatur): doctior (Ausschnitt aus »Donatus: Grammatik«)

Handwerkliches Gestalten

Materialkunde

Die erste Frage: Was brauche ich? Zuerst einmal ist Ruhe und Abschalten vonnöten. Kein Essen auf dem Herd und kein Telefonschrillen sollten diese Ruhe stören. Des weiteren wird eine Arbeitsfläche gebraucht, die nach Möglichkeit nachher nicht aufgeräumt werden muß. Hell, sehr hell sollte es dort sein, am besten Tageslicht von oben und links (bei Linkshändern von rechts) oder von vorne. Die Arbeitsfläche sollte auch Platz bieten, um beide Ellenbogen aufzulegen, und in einer bequemen Höhe sein; schließlich soll das Schreiben keine Qual werden. Wenn diese Arbeitsfläche dann noch eine leichte Neigung in der Art eines Pultes hat, ist sie optimal.

Das ist an Vorbereitung alles. Alles weitere ist so einfach und exakt wie möglich beschrieben und durch Abbildungen anschaulich gemacht.

Schreiben

Im Mittelalter wurden Kiele, z. B. von Gänsen, zum Schreiben verwendet. Leichter zu beschaffen und haltbarer, aber nicht so fein beim Schreiben sind Bandzugfedern, die für alle Schriftarten geeignet sind. Dies sind Stahlfedern mit breiter Spitze. Breiten von $1/2$, $3/4$, 1, $11/2$, 2, $21/2$, 3, 4, 5 Millimetern und mehr stehen zur Verfügung. Die gebräuchlichsten Breiten sind 1 und $11/2$ mm, was von der Buchstabengröße abhängt. Es ist ratsam, sich sowohl verschieden breite Federn

zuzulegen, als auch von jeder Stärke mindestens zwei Federn zur Verfügung zu haben. Wurde nämlich zuerst dunkle Tusche mit der Feder geschrieben und soll nun helle verwendet werden, die Feder aber noch möglicherweise geringe dunkle Farbreste enthält, so kann es zu unliebsamen Farbvermischungen kommen. Dies läßt sich vermeiden, wenn man für helle Tusche eine eigene Feder reserviert hat. Da der Preis für eine Feder nicht hoch ist, (ca. 1,— DM das Stück, z. B. von der Fa. Brause & Co., Iserlohn oder Fa. Heintze & Blanckertz, Frankfurt/M.), lohnt sich eine doppelte Anschaffung immer.

Am besten wird Tusche verwendet, da sie lichtbeständig ist und deckt (z. B. von Pelikan in der Patrone oder im Glas, ca. 4,— DM).

Die traditionelle Farbe ist schwarz. Besonders auf hellem Untergrund, wirkt sie sehr kontrastreich und streng. Interessant ist die Farbe Sepia, die, weniger kontrastreich, freundlicher wirkt, leider aber nicht immer beim ersten Zug deckt. Vielfach wird heute auch mit sogenannten Kalligraphiefüllern geschrieben, die es in ausgezeichneter Qualität gibt. Für die mittelalterlichen Handschriften sind sie nur dann gut geeignet, wenn eine gut deckende Spezialtinte benutzt werden kann.

Tusche nach Originalzusammensetzung der Antike herstellen zu wollen (aus Ruß, Harz, Gerbsäure, Eisen, Weinhefe und anderen tierischen und pflanzlichen Stoffen), erfordert einen größeren Aufwand, wobei der Erfolg nicht immer ein-

Für die Kalligraphie werden Bandzugfedern in verschiedenen Breiten verwendet, die in einen Federhalter gesteckt werden.

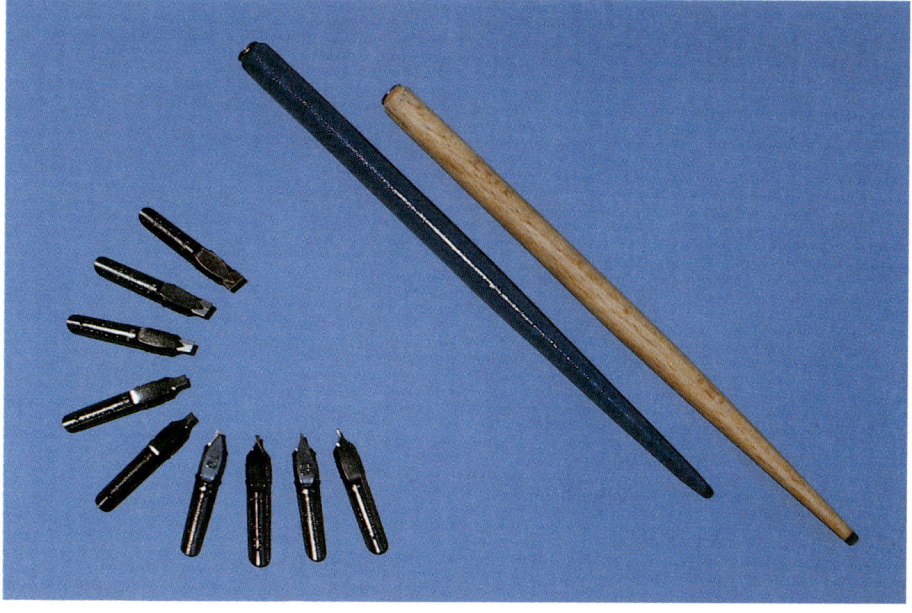

treten bzw. von Dauer sein muß (durch falsche Tuschezubereitung entstanden auch in der Antike und im Mittelalter Säureschäden an Handschriften). Ich rate davon ab, besonders da die Verwendung handelsüblicher Markenerzeugnisse tatsächlich fast Originaltreue erreichen läßt. Die Farben *Gold und Silber* sind recht problematisch, da sie nur die Wahl zwischen zwei Nachteilen lassen: Die eine Sorte läßt sich gut verschreiben, ist flüssig und verstopft die Feder nicht, deckt aber nur unzureichend und hat manchmal auch keinen Glanz. Die andere Sorte deckt gut, hinterläßt einen schönen, manchmal matten Glanz, ist aber z. T. recht dickflüssig und verstopft daher beim Schreiben die Feder fortwährend. Die Feder muß dann nach dem Schreiben von jeweils drei bis vier Buchstaben gereinigt werden, oder man schreibt ohne Deckfeder, wobei die Tusche immer gerade nur für zwei Buchstaben reicht. Außerdem muß die Tusche immer wieder aufgerührt werden, damit die Goldbzw. Silberteilchen in der Schwebe bleiben und sich nicht am Boden absetzen. Von Verdünnung ist abzuraten, da dies das Problem an sich nicht behebt, sondern nur die Leuchtkraft erheblich verringert. Im Handel angebotene Goldacrylstifte (z. B. Fa. edding, verschiedene Dicken, ca. 5,— DM) sind nur als Marker zu verwenden, mit der Stahlfeder aber kann die Farbe nicht verschrieben werden, da sie an der Luft in ein bis zwei Sekunden trocknet.

Malen

Zum Malen der Flächen und Bilder tut ein normaler Qualitäts-Wasserfarbkasten gute Dienste. Bei den Pinseln sollte darauf geachtet werden, daß die Pinselhaare eine einzige feine Spitze bilden. Markenfabrikate (z. B. da Vinci, Lukas) sind minderwertigen Schulpinseln vorzuziehen, da letztere erfahrungsgemäß schnell zu haaren beginnen. Es steht jedem frei, Pinsel mit Rotmarderhaaren für gehobene Ansprüche (Preis für einen da-Vinci-Pinsel in der Pinseldicke Nr. 4 ca. 6,— DM) oder auch Kolinsky-Rotmarderhaare für allerhöchste Ansprüche (ca. 12,— DM) zu wählen, es reichen aber ebenso Pinsel mit Fehhaaren (ca. 6,— DM) oder mit Rinds(ohr)-haaren (ca. 4,— DM).

Zum Ausmalen von Flächen eignen sich *Plakafarben* gut, die ohne weiteres mit Wasser verdünnt werden können. Diese Farben trocknen stumpf und entsprechen damit den historischen Vorbildern.

Nur die Farben Gold und Silber glänzen, wenn sie getrocknet sind. Statt Goldfarbe kann auch *Blattgold* verwendet werden (Dukaten-Doppelgold, 23 Karat, zu beschaffen z. B. bei Fa. Gerstäcker in 5208 Eitorf. 25 Blatt, 80 x 80 mm, ca. 40,— DM). Die zu vergoldende Stelle muß mit Goldgrundöl dünn bestrichen werden. Nach der vorgeschriebenen Trockenzeit (z. B. drei Stunden bei Goya-Goldgrundöl von Kreul, ca. 8,— DM) wird das Blattgold mit dem Trägerpapier nach oben auf die »Klebestelle« gelegt und mit einem weichen Pinsel angedrückt. Das Trägerpapier wird vorsichtig abgezogen;

Nach einem Tag Trockenzeit kann das Blattgold auf der Handschrift fest angedrückt werden, bevor es mit einem Lack (z. B. Schutzlack von Kreul) zum Schutz gegen Beschädigungen oder mit anderen Deckfarben bemalt wird. In seiner Leuchtkraft stellt das Blattgold alle anderen Goldfarben in den Schatten.

Verlockend, da in sehr vielen Farbabstufungen zu erhalten, sind *Filzstifte*. Leider verliert durch Lichteinwirkung fast alles mit ihnen Geschriebene und Gemalte nach kürzerer oder längerer Zeit seine Farbe; selbst Glühlampenlicht schädigt. Auch bilden manche Faserstifte beim Schreiben keinen ausreichend sauberen Rand, so daß die Konturen unscharf werden. Bei anderen wiederum haftet die Farbe nicht auf allen Papieren, besonders solchen mit stark geglätteter und daher geschlossener Oberfläche, auf der die Farbe abperlt.

Auf die zu vergoldende Stelle wird Goldgrundöl mit einem billigen Pinsel aufgetragen.

Die vorgeschriebene Trockenzeit ist unbedingt einzuhalten.

Das Blattgold auf dem Trägerpapier ist hauchdünn und schmiegt sich jeder Biegung an.

Zum ersten »Andrücken« ist ein dicker weicher Pinsel geeignet, hier ein da-Vinci-Pinsel, Kolinsky Rotmarderhaar, Stärke Nr. 8.

Das Trägerpapier wird vorsichtig angehoben, zuerst z. B. mit einem Messer ...

... dann kann man es ganz abziehen.

Beschreibstoffe

Papyrus

Wer den antiken und frühmittel-
alterlichen Handschriften am nächsten kommen will, besorge sich
echten Papyrus (z. B. Fa. Gerstäcker,
5208 Eitorf, 5 Blätter, 30 x 40 cm,
ca. 30,— DM). Zu beachten ist dabei, daß die Oberfläche geglättet
sein muß, da sonst die Tusche, wie
auch die Farbe beim Malen, zu
stark an den Rändern ausläuft.
Auch muß auf die richtige Seite
des Papyrus geachtet werden.
Ein Blatt besteht aus zwei bis drei
Zentimeter breiten, vertikal und horizontal übereinandergelegten und
verklebten Streifen des Marks der
Papyrusstaude. Früher wurde nur
auf der Seite, auf der die Streifen
horizontal verlaufen, geschrieben,
sonst hätte sich die spitze Rohr-
feder unweigerlich in den Papyrus
verhakt.

Pergament

Von der Antike bis in die Neuzeit
wurden wertvolle Texte auch auf
wertvolles Material geschrieben, auf
Pergament, eine besonders verarbei-
tete und geglättete Haut von Tieren.
Seine geringe Abnutzung beim
Lesen (Rollentechnik!) und seine
lange Haltbarkeit machten das
Pergament damals konkurrenzlos.

Papyrusblatt

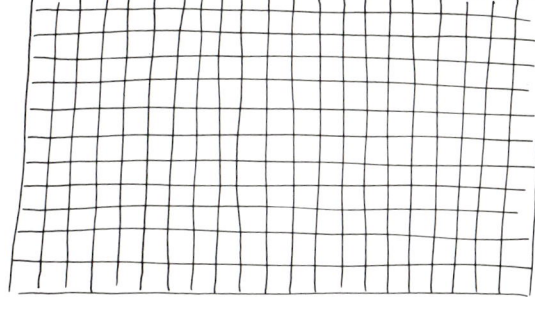

Aufbau eines Papyrusblattes

*Gebräuchliche Schreibseite
= Vorderseite*

*Vertikale Struktur
zum Schreiben nicht geeignet*

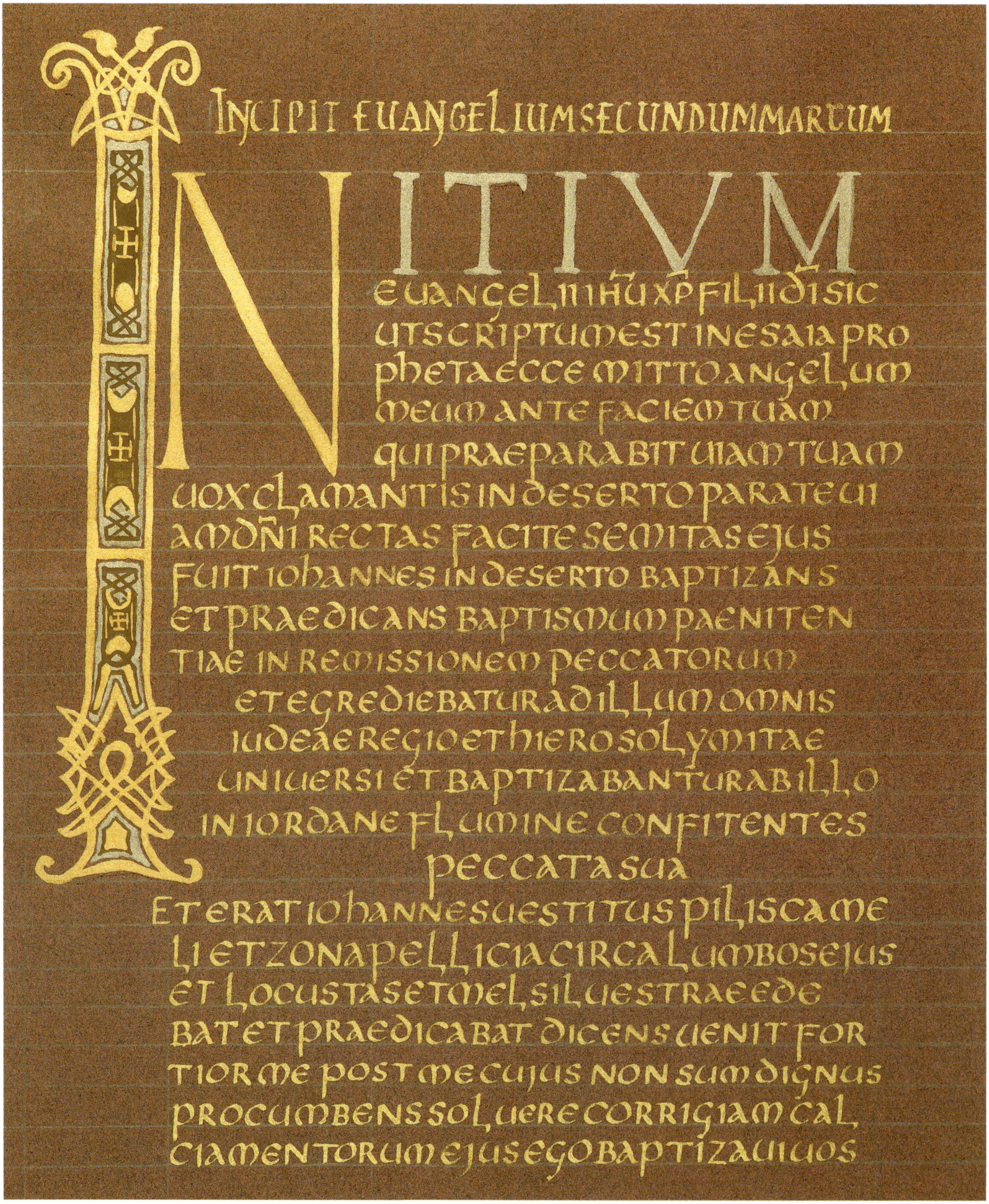

INCIPIT EUANGELIUM SECUNDUM MARCUM

INITIVM

EUANGELII IHU XP FILII DI SIC
UT SCRIPTUM EST IN ESAIA PRO
PHETA ECCE MITTO ANGELUM
MEUM ANTE FACIEM TUAM

QUI PRAEPARABIT UIAM TUAM
UOX CLAMANTIS IN DESERTO PARATE UI
AM DÑI RECTAS FACITE SEMITAS EJUS
FUIT IOHANNES IN DESERTO BAPTIZANS
ET PRAEDICANS BAPTISMUM PAENITEN
TIAE IN REMISSIONEM PECCATORUM

ET EGREDIEBATUR AD ILLUM OMNIS
IUDEAE REGIO ET HIEROSOLYMITAE
UNIUERSI ET BAPTIZABANTUR AB ILLO
IN IORDANE FLUMINE CONFITENTES
PECCATA SUA

ET ERAT IOHANNES UESTITUS PILIS CAME
LI ET ZONA PELLICIA CIRCA LUMBOS EJUS
ET LOCUSTAS ET MEL SILUESTRAE EDE
BAT ET PRAEDICABAT DICENS UENIT FOR
TIOR ME POST ME CUJUS NON SUM DIGNUS
PROCUMBENS SOLUERE CORRIGIAM CAL
CIAMENTORUM EJUS EGO BAPTIZAUI UOS

Heute sind bei der Verwendung von Pergament folgende Überlegungen anzustellen: Soll völlige Originaltreue erreicht werden, kann auf Pergament nicht verzichtet werden. Auf Pergament können auch feinste Striche, wie Auf- und Abstriche an Buchstaben, geschrieben werden. Auch kann auf Pergament Geschriebenes mühelos und fast unsichtbar korrigiert werden. Doch ist der Preis zu berücksichtigen und die Bezugsquelle ist meist nicht bekannt. Z. B. kann bei der Fa. Carl Wildbrett, Waldstraße 21, 8903 Bobingen 1, Tel. 0 82 34 / 35 33 gekalktes, schreibfertiges Ziegenpergament zum Quadratmeterpreis von 180,- DM, Kalbspergament zu 147,- DM netto erstanden werden. Auch auf DIN-Formate zugeschnittenes Pergament ist erhältlich; so kostet eine DIN A4 Seite Ziegenpergament 25,60 DM, entsprechend vom Kalb 23,10 DM netto. (Ca.-Preise von 1992).

Elefantenhaut

Das Krönungsevangeliar des Markus Evangeliums stammt aus dem 8. Jahrhundert. Die Buchstaben wurden mit Gold- und Silbertinte auf purpurnes Pergament geschrieben. Die verwendeten Schriftarten sind (von oben nach unten) Capitalis Rustica, Capitalis Romana und Unziale.

Papiere

Dem mittelalterlichen Pergament recht ähnlich und dennoch wesentlich preiswerter, praktischer zu handhaben und einfacher zu erwerben ist die sogenannte *Elefantenhaut* (auch Urkundenpapier u.a. genannt). Viele Papierfachgeschäfte führen dieses Papier, meist in verschiedenen Formaten und Farbtönen (hell, dunkel, stark und schwach marmoriert). Diese Elefantenhaut gilt für das Handschriftenmalen als *das* Standardpapier.

Bunte Papiere sollten auf ihre Oberflächenbeschaffenheit geprüft werden. Grundsätzlich ist jede Papiersorte geeignet, die weder zu strukturiert noch zu faserig ist. Um *Purpur* als eine traditionell für Königsurkunden oder Krönungsevangeliare verwendete Farbe zu benutzen, kann ein neutrales Papier eingefärbt werden, wie es seit der Antike geschah, oder es wird ein bereits buntes Papier erworben, das dem Purpur am nächsten kommt.

Speziell für mittelalterliches Purpur, das im Laufe der Jahrhunderte seine Farbe veränderte und dunkler wurde, gibt es im Fachhandel von der Fa. Canson ein schönes »Dunkelviolett«, das zu empfehlen ist.

Bei allen Papieren ist wichtig, daß kein Fett, auch nicht das natürliche Hautfett der Hand, auf den noch zu beschreibenden Teil gelangt, was ganz einfach durch Unterlegen eines Blatt Papiers beim Schreiben zu verhindern ist.

33

Nachschreiben von Original-Handschriften

Vorlagen sind am leichtesten in Büchern über Handschriften zu bekommen.

Der Schwerpunkt dieses Buches ist die Gestaltung von Blättern nach historischen Vorbildern.

Diese alten Handschriften haben nicht immer das Aussehen, wie wir es heute gern hätten. Stempel von Bibliotheken, Randbemerkungen früherer Leser, Verschmutzungen und Beschädigungen beeinträchtigen das ursprüngliche Original manchmal erheblich.

Wir können den Glanz vergangener Jahre heute wieder durch das Nachschreiben dieser Originale sichtbar machen. Und wenn sich jemand intensiv in die Originalhandschriften hineingedacht und eingefühlt hat, dürfte es ein leichtes sein, mit Hilfe der eigenen Phantasie ebensolche organischen und wohlproportionierten Kunstwerke einer handschriftlichen Textseite zu verfertigen.

So findet man die Originalhandschrift in der Bibliothek vor: Die Beeinträchtigungen der Jahrhunderte sind gut sichtbar auf dem Codex Amstelodamensis aus dem 9./10. Jahrhundert mit Caesars Gallischem Krieg. Die beherrschende Überschrift wurde in der Capitalis quadrata, der Text in der Karolingischen Minuskel geschrieben (Näheres S. 76 und 77).

Auffinden und Aufarbeiten der Texte

Wo findet man eine verwertbare Schrift? Am besten in Museen, in Bibliotheken und in Büchern mit Wiedergaben von Handschriften. Von diesen kann man eine Arbeitsvorlage erstellen, indem das Original oder die Abbildung abfotografiert oder abfotokopiert wird.

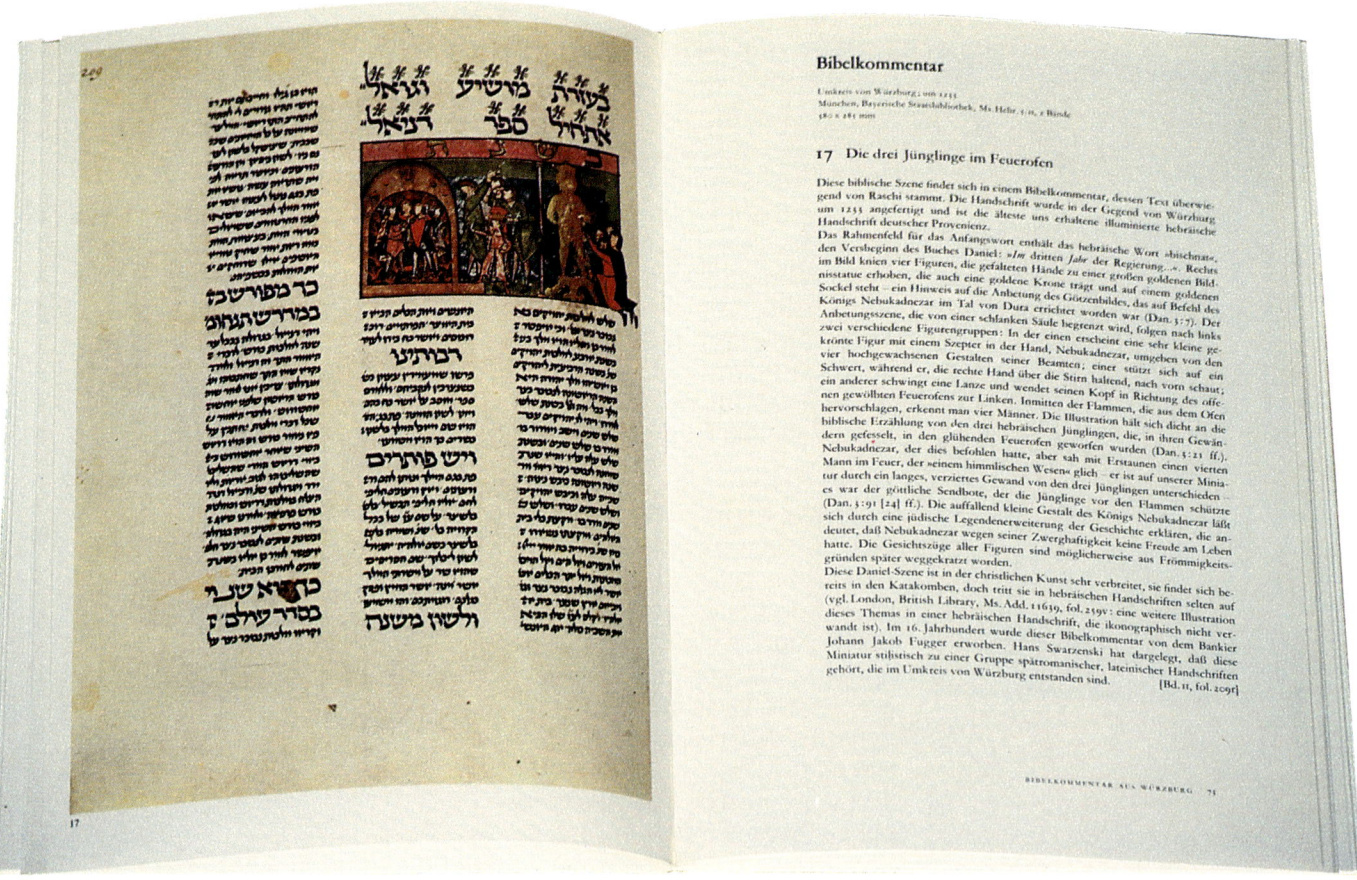

INCIPIT LIBER GAII CESA
RIS BELLI GALLICI CIVILIA
NI DE NARRATIONE
TEMPORVM

Incipit liber primus

Gallia est omnis divisa in partes tres; quarum unam in
colunt belgae; aliam aquitani; tertiam quipsorum lingua celte;
nostra galli appellantur; hi omnes lingua institutis legibus in
ter se differunt; Gallos ab aquitanis garumna flumen; a belgis;
matrona et sequana dividit; Horum omnium fortissimi sunt belgae;
propterea quod a cultu atque humanitate prouinciae longissime ab
sunt; minimeque ad eos mercatores saepe commeant; atque ea quae ad
effeminandos animos pertinent important; Proximique sunt ger
manis qui trans rhenum incolunt; quibuscum continenter belligere
qua de causa; heluetii quoque reliquos gallos uirtute precedunt; quod fere
cotidianis proelis cum germanis contendunt; cum aut suis finibus eos
prohibent; aut ipsi in eorum finibus bellum gerunt; Eorum una pars quam
gallos optinere dictum est; initium capit a flumine rhodano; continetur ga
runna flumine; oceano finibus belgarum attingit; etiam ab sequanis et
heluetiis flumen rhenum uergit ad septentriones; Belgae ab extremis
galliae finibus oriuntur; pertinent ad inferiorem partem fluminis rheni;
spectant in septentrionem et orientem solem; Aquitania a garun

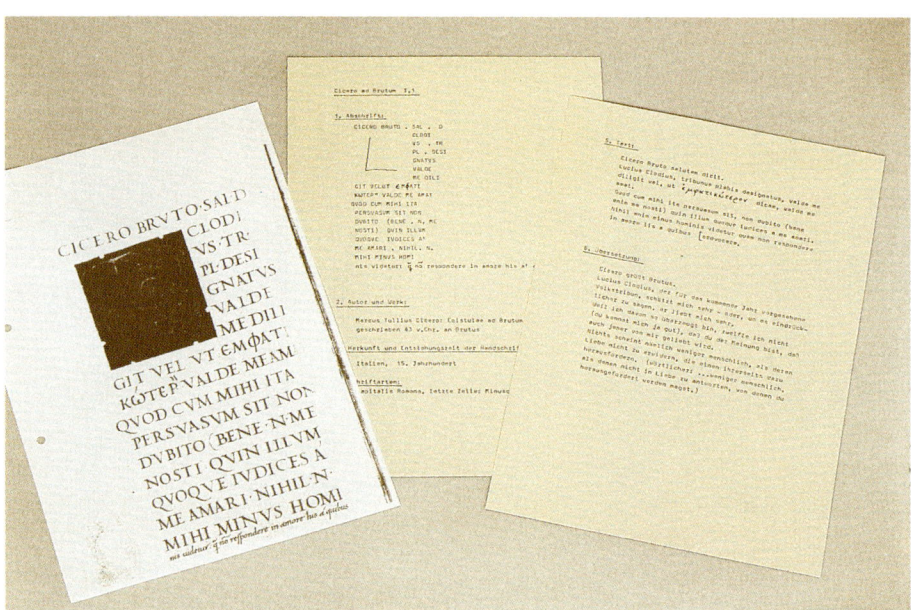

Fotokopierte Handschriftenseite, Wortlaut des Textes und Übersetzung im Überblick.

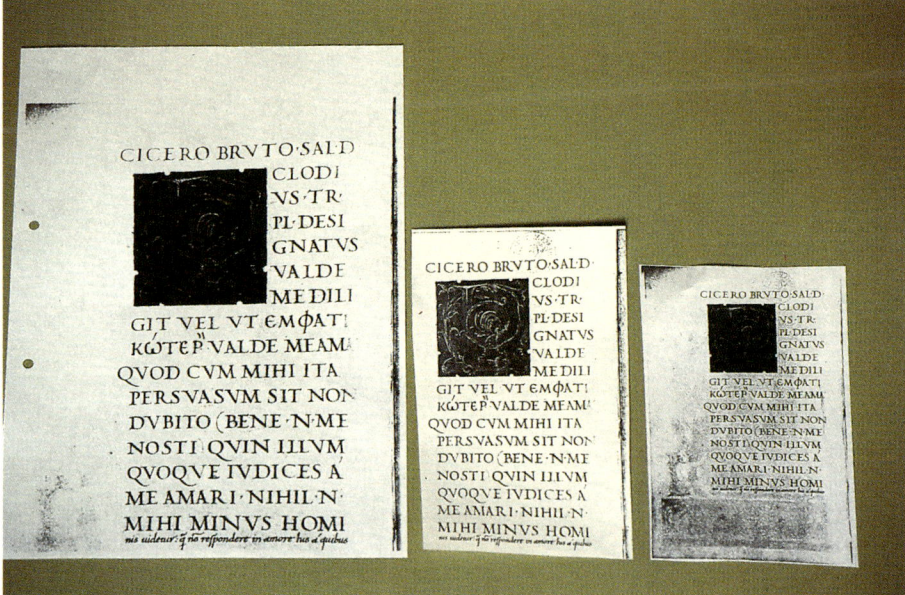

Welches Format wird ausgewählt?

Für eine 1 mm Federbreite ist dieses Format geeignet.

Zuerst gilt es, den *Text* zu *ermitteln*, d. h. zu versuchen, ihn zu lesen. Dabei helfen Textausgaben der Autoren, nicht auf Anhieb erkannte Buchstaben zu ermitteln und zu ergänzen. Niemand sollte einen Text schreiben wollen, den er selbst nicht *entziffern* kann. Es hat sich auch als sinnvoll erwiesen, einen fremdsprachigen Text zu übersetzen, um ihn auch zu *verstehen* (vgl. dazu das Kapitel »Mittelalterliches Arbeiten«). Wer dies nicht selbst tun will oder kann, findet in der Regel die Übersetzungen in Bibliotheken.

Es liegt also jetzt die fotokopierte Handschriftenseite, der Wortlaut des Textes und/oder die Übersetzung vor.

Nun ist es wichtig, das schönste *Format* für die Abschrift zu *wählen*. An einem Fotokopierer mit Prozentualschaltung, der stufenlos verkleinert und vergrößert, kann man verschiedene Größen einer Vorlage erhalten. Aus diesen suchen Sie diejenige aus, die Ihnen am schönsten erscheint: hier entscheidet allein das Empfinden, der eigene Geschmack. Mit welcher Federstärke geschrieben werden soll, verrät ein kurzer Vergleich der Feder mit der Dicke eines Buchstabens auf der Kopie.

Das gewählte Format gilt ab jetzt als Vorlage. Sie hat die spätere Größe des Werkstückes und muß horizontal wie vertikal *vermessen* werden. Unter jeder geschriebenen Zeile wird eine Linie gezogen, ebenso rechts und links, damit die meist unregelmäßigen Zeilenanfänge und Zeilenenden in etwa auf eine Linie gebracht werden. Danach werden mit Lineal die Abstände gemessen und eingetragen.

Linien werden unter die Zeilen der Vorlage gezeichnet.

Die Vorlage wird vermessen und die Abstände werden eingetragen. Exaktes Arbeiten ist gefragt.

Das Linienraster wird auf Elefantenhaut übertragen.

Rauhe und bemalte Oberflächen nehmen Kohlepapier gut an.

Die Übertragung der Umrisse

Übertragen des Textrasters - Linien ziehen

Dieses Raster der Vorlage muß auf das Papier übertragen werden. Wir können heute die Linien mit einem recht harten Bleistift (H2 bis H4) ziehen, um originalgetreu zu zeichnen. Denn in der Antike und im Mittelalter bestand ein solcher Stift wirklich aus Blei, nicht aus Graphit, wie die heutigen »Blei«stifte, so daß eine solche Bleilinie nicht wieder wegradiert werden konnte. Bei genauem Hinsehen findet man bei allen alten Schriften diese Linien wieder. Diese Schriftlinien lassen sich am besten nachahmen, indem man den Bleistift fest über das Papier drückt und später nur ganz leicht darüberradiert. So erhält man auf dem Bild eine schwache, aber eindeutig sichtbare Linie.

Initialen- und Zierrahmenübertragung

Von den denkbaren Möglichkeiten, den Anfangsbuchstaben von der Originalhandschrift auf das Papier zu übertragen, will ich drei vorstellen, die ich aus der Erfahrung für die geeignetsten halte.

Durchdrücken mit Kohlepapier

Auf dem Papier (z.B. Elefantenhaut) liegt das Kohlepapier, darauf genau an der richtigen Stelle die Vorlage (die Fotokopie). Durch Nachfahren der Konturen der Vorlage überträgt sich das Raster auf den Untergrund. Dieser muß rauh genug sein, um

die schwarze Farbe des Kohlepapiers annehmen zu können. Dies ist der Fall, wenn die Fläche bemalt ist; ansonsten kann man das Papier durch Radieren aufrauhen. Es empfiehlt sich, die Umrisse mit einem leergeschriebenen Kugelschreiber durchzudrücken, damit die Vorlage unverändert bleibt und weitere Male benutzt werden kann.

Abnehmen mit dem Stechzirkel

Ein markanter Punkt des Originals wird bestimmt, dieser durch Abstandmessung von den Blatträndern oben und links auf dem Papier festgelegt; von ihm ausgehend lassen sich mit dem Stechzirkel die Abstände zu weiteren markanten Punkten feststellen und auf dem Papier eintragen.

Halbfreies und freies Abzeichnen

Es kann auch genügen, sich nur einige Anhaltspunkte vorzugeben, z. B. dienen Löcher in der Fotokopie als Orientierungspunkte, in diesem Fall für die Abstände der Buchstaben in der Überschrift. Man legt die gelochte Fotokopie auf das Blatt, markiert die Punkte mit einem Stift und erhält so ein Grundgerüst zur richtigen Übertragung. Oder man teilt das Bild in ein Raster kleiner, überschaubarer Vierecke, damit diese kleinen Vierecke nun einzeln frei übertragen werden können. Wer sehr geübt ist, kann Initiale und Zierrahmen selbstverständlich auch gänzlich frei übertragen, wobei man sich zuerst die Bildfläche mit den Umrissen aufteilt und sich dabei in der Höhe an den Zeilen des Textes und in der Breite an den einzelnen Buchstaben orientiert.

Die Umrisse der Initiale werden auf dem Papier am besten mit einem weichen Bleistift, z. B. 2B, eingezeichnet. Muß man nämlich radieren, wird das Papier schonender behandelt, vor allem bleibt eine aufgetragene Untergrundfarbe erhalten.

Die Umrisse der Initiale sind auf der Elefantenhaut zu sehen.

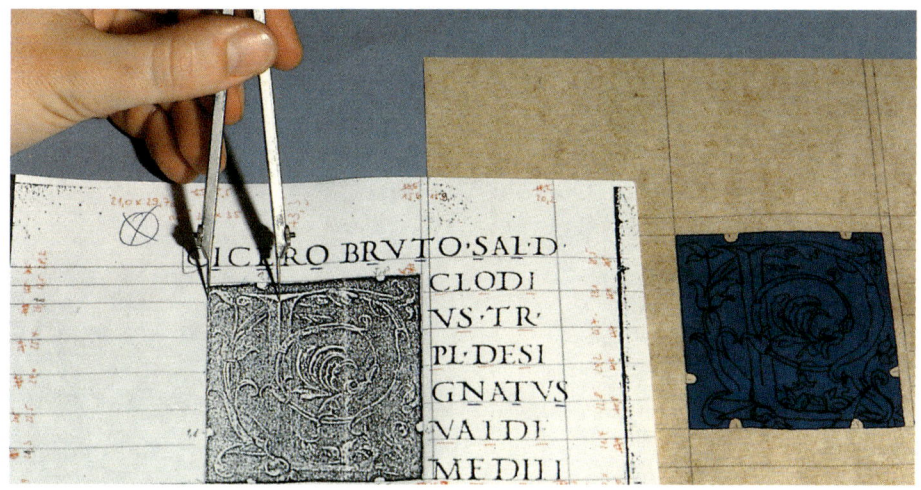

Ein Stechzirkel überträgt die Abstände zu einem festgelegten Orientierungspunkt.

Löcher der Fotokopie dienen als Anhaltspunkte zur Übertragung. Hier wird gerade die Position des zweiten »R« festgelegt.

Die »Orientierungslöcher« in der Foto-kopie zeichnen sich deutlich ab. Ebenso kann man die »Orientierungspunkte« für die Buchstaben auf der Elefantenhaut erkennen.

Kleine Vierecke teilen das Bild auf und ermöglichen eine gute Orientierung beim Abzeichnen.

Schreiben

Es empfiehlt sich anfangs, erst den Text zu schreiben und danach die Initiale und gegebenenfalls den Zierrahmen zu malen. Bei einem Verschreiben, was auch in der letzten Zeile passieren kann, wäre die große Mühe des Malens vergeblich gewesen.

Erst der Text, dann die Initiale (»Caesar: Gallischer Krieg« ohne Initiale G).

Malen der Initiale

Nachdem die Umrisse der Initiale auf dem Papier eingezeichnet sind, wird mit einem Pinsel, mit der Plakafarbe Gold oder Kupfer (Verdünnung mit Wasser nach Bedarf) ausgemalt. Es hat sich bewährt, mit dickerem Pinsel (Nr. 4) die größeren Flächen fast ohne Wasserverdünnung zu malen, danach mit sehr feinem Pinsel (Nr. 0 oder Nr. 000) und etwas Wasser die Feinheiten. Statt Plakafarbe Gold bietet sich auch Blattgold an (vgl. Kapitel »Malen« Seite 28f.).

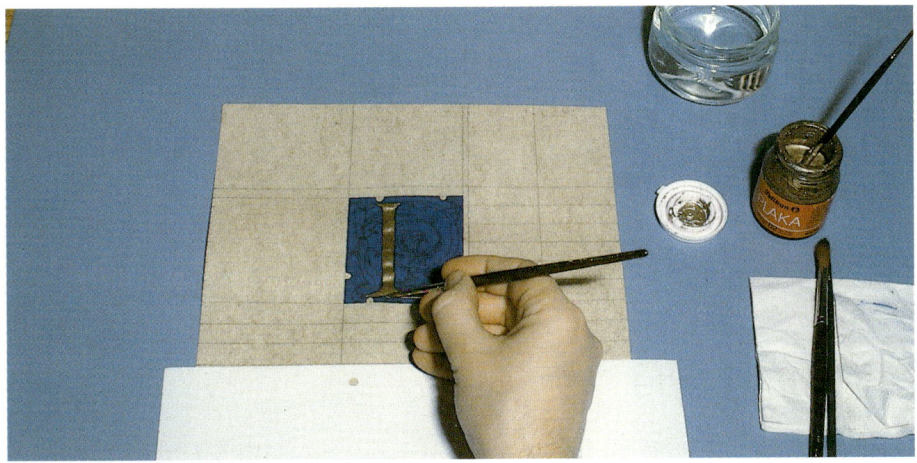

Das Malen der Initiale mit dickem Pinsel...

...und mit feinem Pinsel.

Malen des Zierrahmens

Auf die Hell-Dunkel-Wirkung beim Ausmalen des Zierrahmens wie auch der Initiale kommt es besonders an. Um eine plastische Wirkung, z. B. einer Ranke, zu erzielen, sollte ein Blatt dieser Ranke am Rand oder in der Blattader dunkler als im gesamten Blattgrund gemalt werden. Besonders augenfällig wird diese bei solchen Ranken, die sich um sich selbst winden. Der Betrachter muß erkennen können, welcher Teil der Ranke vor oder hinter bzw. über oder unter dem anderen liegt.

Überflüssige Linien werden wegradiert.

Sauberradieren

Zum Schluß dieser Arbeiten lohnt sich ein kritscher Blick, ob und wo Hilfslinien ihren Dienst getan haben und wieder verschwinden können. Ein weicher Radiergummi, der blitzsauber sein muß (daher immer mal wieder über ein beliebiges Stück weißes Papier radieren, um die Kante sauber zu bekommen), radiert weiche Bleistiftlinien (HB, 2 B u.a.) problemlos weg.

Der Schatten verrät sofort die aufgeklebte Stelle.

Ein einzelner Punkt wird mit dem Radiermesser entfernt.

Ein Buchstabe wird weggeschabt.

Korrigieren

Für das Malen wie für das Schreiben mit Tusche gilt: am besten, niemand verschriebe sich, um jede Korrektur von vornherein zu vermeiden. Leider sieht die Wirklichkeit anders aus. Und ist der Fehler einmal passiert, kann man machen, was man will: Eine Korrektur bleibt *immer* als eine Manipulation erkennbar. Es gibt leider keine perfekte Verbesserung. Doch bestehen immerhin einige Möglichkeiten, das Beste aus dem Mißgeschick zu machen.

Aufkleben

Auf Übungsblättern möglich, auf dem eigentlichen Werkstück nicht zu empfehlen: das Überkleben der verschriebenen Stelle mit einem kleinen Stück des gleichen Papiers. Diese Methode mag zwar verlockend sein, denn alle im weiteren genannten Probleme fielen weg. Der Makel der Korrektur wird aber immer allzu deutlich sichtbar bleiben, denn die Höhe des Papiers verdoppelt sich an dieser Stelle. Außerdem werfen die Ränder des aufgeklebten Papiers bei jeder Beleuchtung, die nicht genau im rechten Winkel auf das Bild trifft, einen verräterischen Schatten.

Radiermesser

Bei einer richtigen Korrektur ist ein Radiermesser von großer Hilfe: Will man nur einen Punkt Tusche, z. B. von einem Spritzer, entfernen, bewegt man die fast senkrecht gehaltene Spitze des Messers auf dem Papier hin und her. Das geschieht mit einem so dosierten Druck, der stark genug sein muß, den Tuschepunkt zu entfernen, aber nicht das Papier unter der Tusche aufzureißen. Handelt es sich um eine größere Fläche, die wegradiert werden soll,

z. B. ein ganzer Buchstabe, nimmt man die lange Seite des Messers, quasi die Schneide, hält sie im flachen Winkel auf das Papier und versucht, durch Schaben ohne Beschädigung des Untergrundes die Tusche zu entfernen.

Rasierklinge - Radiergummi

Statt eines Radiermessers kann auch eine herkömmliche Rasierklinge benutzt werden, mit der entsprechend verfahren wird.
Ein extrem harter Radiergummi, der für Tinte geeignet ist, birgt die Gefahr in sich, das Papier zu sehr zu beschädigen.

Chemische Mittel

Von irgendwelchen chemischen Mitteln rate ich grundsätzlich ab, da sie wegen unterschiedlicher Zusammensetzungen und Wirkungsweisen unberechenbar sind. Das Wiederbeschreiben oder -bemalen der chemisch behandelten Stelle würde zum Risiko werden. Den antiken und mittelalterlichen Schreibern standen ohnehin keine derartigen Mittel zur Verfügung.

Wiederherstellen der Farbe des Papiers

Ist dann in einem glücklichen Normalfall die falschgeratene Tusche - Schrift oder Klecks - vollständig wegradiert, ist das Papier an dieser Stelle etwas dünner geworden, an seiner Oberfläche stark mitgenommen, meist sehr rauh und - bei Elefantenhaut - ohne Farbe. Am besten die Stelle vorerst noch rauh lassen und zunächst die Farbe wiederherstellen. Gute Buntstifte (Fa. Stabilo, Othello u.a.) verleihen dem hellen Fleck wieder die Farbe des umgebenden Papiers. Dabei müssen meist verschiedene Farben übereinander gemalt werden, bis der Ton

Zur Not tut es auch eine Rasierklinge.

erreicht ist (z. B. gelb + hellbraun + dunkelgrün + orange für dunkle Elefantenhaut). Danach mit einem Papiertaschentuch leicht über diese Stelle reiben, bis die Farben zu einem einzigen Ton verschwimmen, gegebenenfalls noch den einen oder anderen Farbton verstärken und wieder verreiben.

Wiederherstellen der Oberfläche des Papiers

Die Oberfläche wird wieder geglättet, indem man mit dem flachen Fingernagel (Zeigefinger, Vorsicht:

kein Nagellack!) leicht kreisend mit viel Druck darüberfährt. Zur Kontrolle hält man das so behandelte Blatt schräg gegen das Licht: glänzt die Stelle wieder und sieht wie die Umgebung aus, ist die Korrektur gelungen. Ist sie noch rauh und stumpf, wiederhole man den Vorgang. Nicht ungeduldig werden und voreilig auf aufgerauhtes Papier malen oder schreiben! Die Farbe läuft gnadenlos in die Fasern des Papiers. An der gleichen Stelle nochmals zu korrigieren, ist fast aussichtslos, dazu ist kein Papier dick genug.

Der Fingernagel glättet die Oberfläche des Papiers.

Selbstkritik

War der Einsatz noch so mühevoll, sollte dennoch ein sehr kritischer Blick auf das Werk folgen: Lohnt es sich weiterzuschreiben bzw. weiterzumalen? Fällt die Korrektur wirklich nicht auf? Wäre es nicht besser, jetzt noch einmal von vorne zu beginnen, bevor man weitere Arbeit in das Werk steckt? Nicht, daß man später doch feststellen muß, daß das Bild nicht gut aussieht. Hat Ihr Werk diese Prüfung bestanden, dann beschreiben und bemalen Sie das Blatt einschließlich der korrigierten Stelle weiter.

Eigene Kreationen

Sie haben die zum Erstellen von Handschriftenseiten nötigen Fertigkeiten anhand originaler Vorbilder erworben. Wer nun erste eigene Versuche wagt, nehme sich am besten nur *einen* Teil vor, z. B. eine einfache Initiale mit wenig Zierrat. Probieren Sie verschiedene Techniken am gleichen Objekt aus: Mit welcher Technik arbeiten Sie am liebsten, welche bringt für Sie das schönste Ergebnis? Lassen Sie sich dazu Zeit, melden Sie sich für zwei bis drei Stunden ab und gehen in Klausur. Schriftenmalen ist keine Akkordarbeit. Auch ist niemand vollkommen, auch die antiken und mittelalterlichen Schreiber waren es nicht.

Wenn Sie sich sicher genug fühlen, steht Ihrer Phantasie nichts mehr im Wege, eigene Kreationen zu entwickeln und Ihre eigene Schriftenseite zu komponieren. Das Buch liefert die Anregung, die Phantasie haben Sie.

Als Beispiel einer eigenen Kreation sei diese exzellente Handschriftenseite vorgestellt. Es handelt sich um die Titelseite einer Aufsatzsammlung über die Geschichte und Entwicklung der Handschriften und der Buchmalerei. Diese Seite hat Herr Hans Pflanzer (lateinisch: Johannes Sator) entworfen, geschrieben und gemalt. Es ist ein Geschenk an den Verfasser.

Historia brevis -
Eine kurze Geschichte der Handschriften
und der Buchmalerei -
Eine selbstentworfene Handschriftenseite.

HISTORIA BREVIS VOLUMINA CODICESQUE CONFICIENDI tabulis photomechanicis commentariisque aucta

Johanne Satore auctore quibusdam amicis adiuto

Nicolao familiari

a. d. XVI. Kal. Sept. a. MCMLXXXVII p. Chr. n.

Vorlagen zum Abzeichnen

Schmuckmotive wie die abgebildeten sollten, obwohl hier in Fülle beieinanderstehend, sparsam verwendet werden, da sie in ihrer Wirkung miteinander konkurrieren. Eine verzierte Initiale, gegebenenfalls eine Ranke oben und links oder rechts neben der Schrift, in der zwei bis drei Schmuckelemente auftauchen, bringt genug Wirkung. Eine besonders schöne Initiale alleine, deren Größe vielleicht über mehrere Zeilen geht, reicht aus.

Die Benutzung der Vorlagen ist auf verschiedene Weise möglich. Sie können transparentes Papier auflegen und die Umrisse der Figur abzeichnen und diese dann mit Hilfe von Kohlepapier auf die eigene Handschriftenseite bringen. Sie können aber auch durch vergrößerndes oder verkleinerndes Photokopieren der Vorlage das gewünschte Format herstellen, um dieses dann auf das eigene Bild zu übertragen. Aber auch mit einer anderen als den bisher vorgestellten Techniken können Sie es tun (vgl. das Kapitel »Nachschreiben von Original-Handschriften«).

Cicero grüßt Brutus -
Das goldene/kupferne L auf dunkelblauem Grund gibt dieser Handschriftenseite aus dem 15. Jahrhundert eine prägende Note.
Das Original stammt aus Italien und wurde in der Capitalis Romana - letzte Zeile in Karolingischer Minuskel - geschrieben.

CICERO BRVTO·SAL·D'

 CLODI
VS·TR·
PL·DESI
GNATVS
VALDE
ME·DILI
GIT VEL VT ΕΜΦΑΤΙ
ΚΏΤΕΡ" VALDE ME AMAT
QVOD CVM MIHI ITA
PERSVASVM SIT NON
DVBITO (BENE·N·ME
NOSTI) QVIN ILLVM
QVOQVE IVDICES A'
ME AMARI·NIHIL·N'
MIHI MINVS HOMI
nis uidetur: q̃ nõ respondere in amore his a'quibus

Initialen

Initiale G

Initiale H

Initiale I

Initiale L

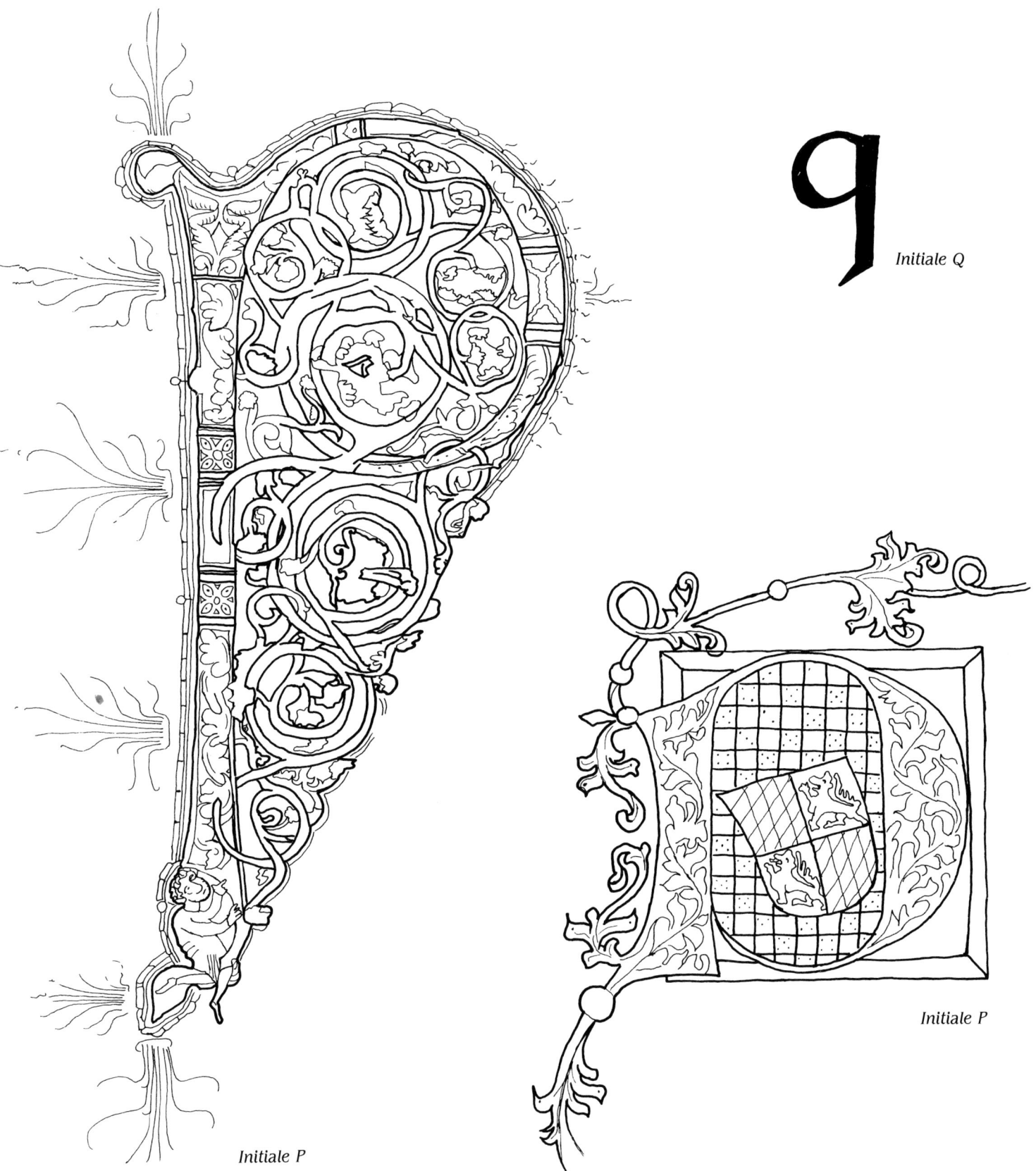

Initiale Q

Initiale P

Initiale P

Initiale T (ohne Innenbild)

Initiale T (Innenbild alleine)

Initiale T mit Innenbild

Schmuckelemente

SCT AUGUSTINI DE BONO CONIUGALI

QUONIAM UNUS QUISQ. HOMO HUMANI GENERIS
PARS EST · ET SOCIALE QUIDDAM EST HUMANA
NATURA MAGNUMQ. HABET ET NATURALE BONUM
UIM QUOQ. AMICITIAE OBHOC EXUNODUOLUIT
OMNES HOMINES CONDERE. UT IN SUA SOCIETATE
NON SOLA SIMILITUDINE GENERIS SED ETIAM COGNATIO
NIS UINCULO TENERENTUR: PRIMA ITAQ. NATURA
LIS HUMANAE SOCIETATIS COPULA UIR ET UXOR EST ·
QUOS NEC IPSOS SINGULOS CONDIDIT DS ET TAMQUAM
ALIENIGENAS IUNXIT · SED ALTERAM CREAUIT EXALTE
RO · SIGNANS ETIAM UIM CONIUNCTIONIS IN LATERE
UNDE ILLA DETRACTA FORMATA EST · LATERIB' ENI
SIBI IUNGUNTUR QUI PARITER AMBULANT ET PARITER
QUO AMBULANT INTUENTUR · CONSEQUENS CONEXIO
SOCIETATIS IN FILIIS QUI UNUS HONESTUS FRUCTUS EST
NON CONIUNCTIONIS MARIS ET FEMINAE · SED CONCU
BITUS · POTERAT ENIM ESSE IN UTROQ. SEXU ETIAM
SINE TALI COMMIXTIONE ALTERIUS REGENTIS · ALTE
RIUS OBSEQUENTIS AMICALIS QUAEDAM ET GERMANA
CONIUNCTIO · NEC NUNC OPUS EST UT SCRUTEMUR·
ET IN EA QUAESTIONE DEFINITAM SENTENTIAM PROFE
RAMUS · UNDE PRIMORUM HOMINUM PROLES POS
SET EXISTERE · QUOS BENEDIXERAT DS DICENS CRES
CITE ET MULTIPLICAMINI ET INPLETE TERRAM · SI NON
PECCASSENT · CUM MORTIS CONDICIONEM CORPO
RA EORUM PECCANDO MERUERINT · NECESSE CON
CUBITUS NISI MORTALIUM CORPORUM POSSIT ·
PLURES ENIM DE HAC RE SENTENTIAE DIUERSAEQ. EX
TITERUNT · ET SI EXAMINANDUM SIT UERITATI DIUINA
RUM SCRIBTURARUM QUAENAM EARUM POTISSIMUM ·
CONGRUAT PROLIXAE DISPUTATIONIS NEGOTIUM EST ·
SI UERGO SINE COEUNDI CONPLEXU · ALIO ALIQUO MO
DO SI NON PECCASSENT HABITURI ESSENT FILIOS EX

Bei einer Gestaltung der Handschriftenseite mit den aufgeführten
Schmuckelementen ist keine inhalt-
liche Bindung an den Text nötig,
wie sie bei der Initiale besteht. Eine
große Zahl von Verzierungen wird
Ihnen vorgestellt, die sich durch
freie Kombinationen noch verviel-
fältigen lassen. Selbstverständlich
konnten nicht alle Varianten von
Schmuckelementen abgebildet werden, sollte das Buch nicht Lexikon-
dicke erreichen. Alle wichtigen und
häufig vorkommenden Verzierungen
sind jedoch in der vorliegenden
Auswahl berücksichtigt.

Daß auch sparsamste Ausschmückung ihren Reiz hat,
zeigt »Augustinus: Über das Gut der Ehe - De bono coniugali«.
Die vorgelegene Originalhandschrift stammt aus Italien
aus dem Jahre 600 nach Chr. und ist in der Unziale geschrieben.

Pflanzenranken

Pflanzenranken in einem Zierrahmen

Pflanzenranken in einem Zierrahmen

Pflanzenranken um einen Text

Pflanzenranken

*Pflanzenranken
in einer Initiale*

Ornamente

Linien um Initiale P

Ornamente Flechtwerk

Ornamente im Buchstaben A

Schleife

Tiere

Zwei Fasane

Fasan

Fasan von rechts

Schmetterling frontal

Schmetterling seitlich

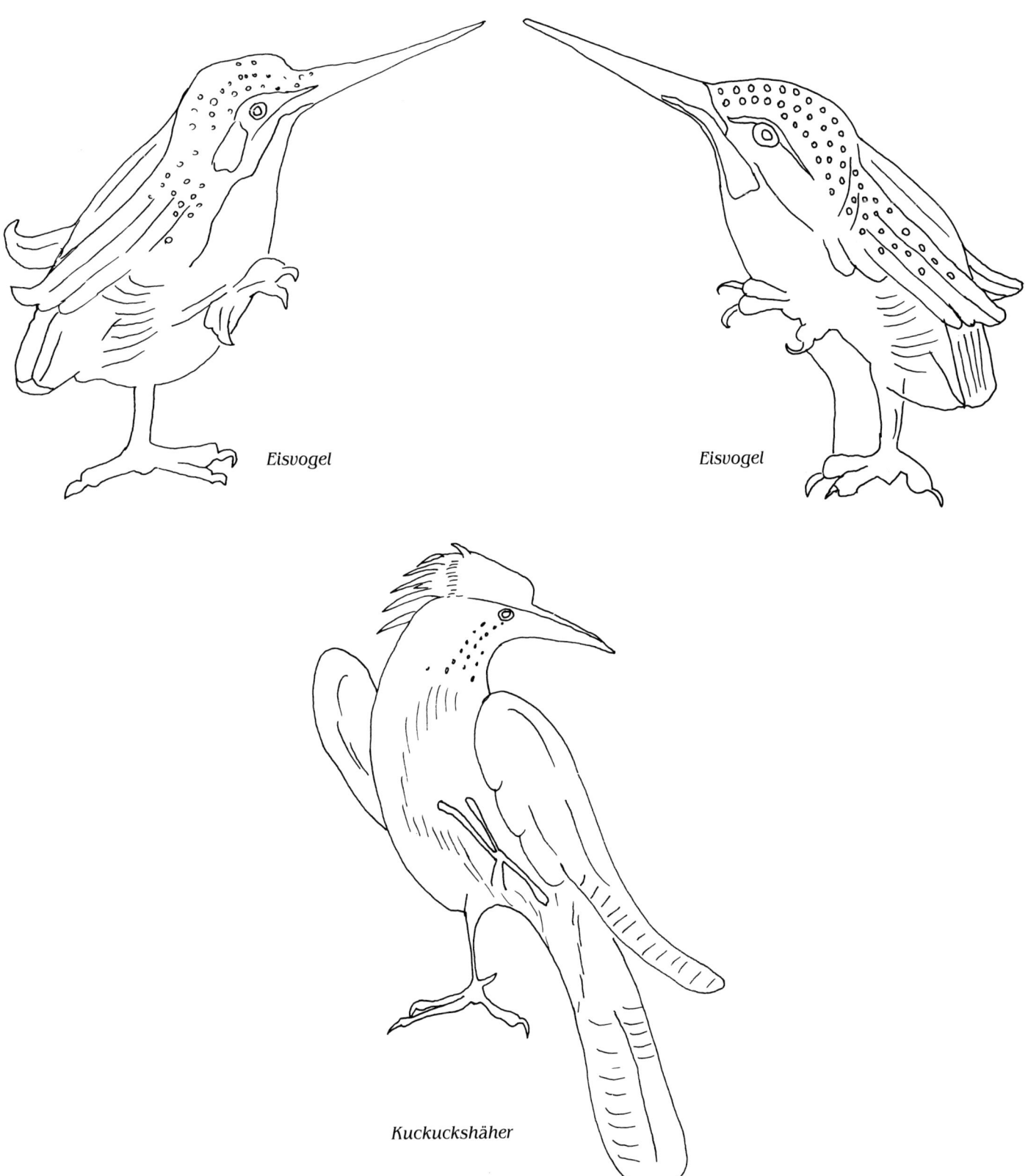

Eisvogel

Eisvogel

Kuckuckshäher

Personen

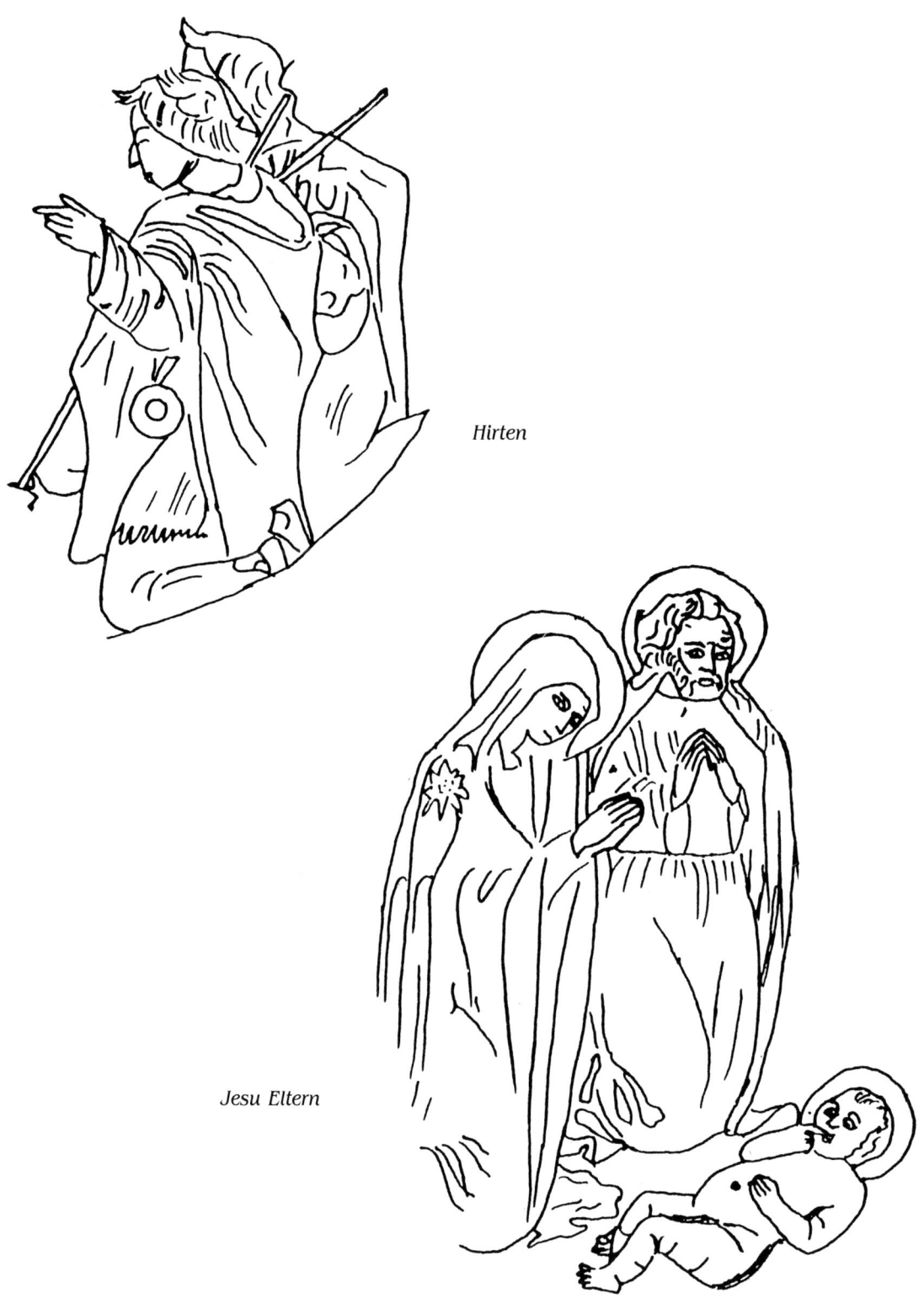

Hirten

Jesu Eltern

Engel

Dicker Engel

Mönch,
Buchstaben haltend

Verschmitzter
im Buchstaben A

Gegenstände

Wappen

Wappen

Wappen

Krone

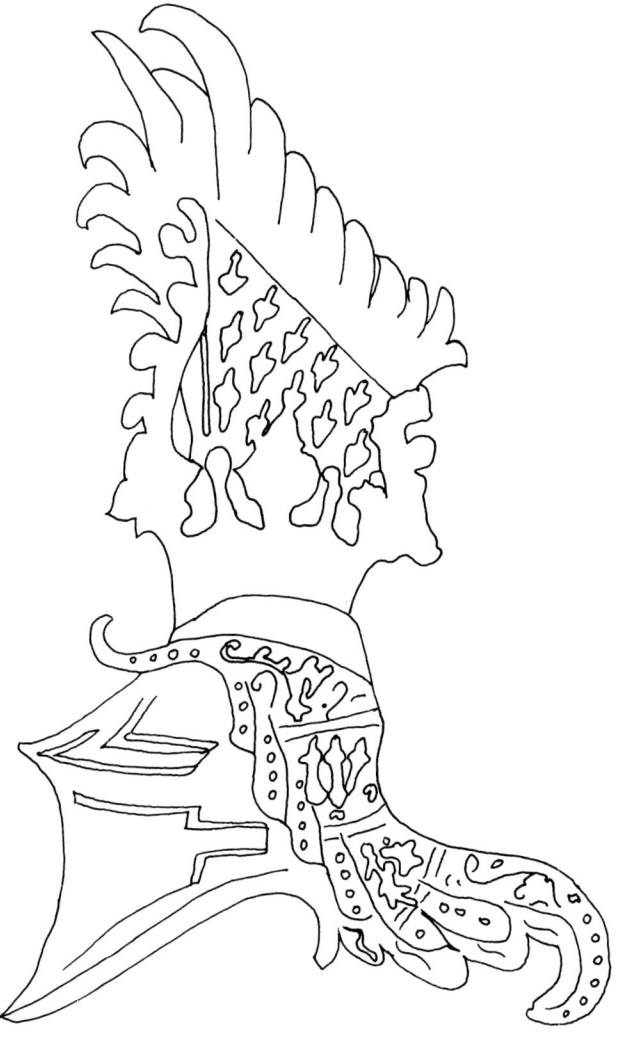

Helmbusch

Passepartout und Bilderrahmen

Entscheidend für die *Farbe* des Passepartouts: Welche Farbe hat das Papier der Handschriftenseite? Welche Farbe hat die Initiale, zumindest welche Hauptfarbe hat sie? Geht von dem Zierrahmen, der Schrift oder anderen Teilen des Bildes eine maßgebliche Farbwirkung aus, der man keine andere Farbe entgegensetzen darf, ohne Spannungen zu erzeugen?

Was schon beim Aufbau einer Handschriftenseite gesagt worden ist, gilt in diesem Kapitel besonders: Das eine muß zum anderen passen. Es sind, wei bei einem Jongleur, drei Variable miteinander in Einklang zu bringen: Bild, Passepartout und Rahmen. Das Bild ist vorhanden, Passepartout und Rahmen müssen sich diesem unterordnen.

Zuerst das Passepartout. Das Papier hierfür kann in jedem guten Geschäft für Zeichenbedarf in verschiedenen Farben und unterschiedlichen Dicken erworben werden. Zu Anfang ist eine »normale« Dicke, also 80 bis 120 Grammpapier zu empfehlen, das sich leichter schneiden läßt.

Grundsätzlich sollte die Farbwirkung des Bildes in Passepartout und Rahmen wieder aufgenommen oder weitergeführt werden, um Harmonie entstehen zu lassen. Vielleicht ist auch einmal eine spannungsreiche Kontrastierung reizvoll, doch hängt das vom Schriftbild ab. Meist haben die gebräuchlichen Schriftarten eine statische, ruhige Wirkung, die Spannungen im Randbereich nicht verträgt. Ein purpurnes Papier harmonisiert z. B. mit einem Hellgrauaubergine, ein Papier in hellocker (wie Elefantenhaut) harmonisiert mit allen hellbraunen Tönen, die in die Gelbrichtung gehen. Eine vornehmlich blaue Initiale erwartet eine Antwort in einem blauen oder bläulichen Passepartout. Das Grün der P-Initiale bei Augustins Psalm 51 verlangt geradezu ein grünes oder grünliches Passepartout.

Es können aber auch neutrale Farben für das Passepartout sein, die, mit einer farbigen Linie versehen, mit der Farbwirkung des Bildes korrespondieren. So eignet sich ein Passepartout mit Goldlinien fast universell zu einem Bild auf Elefantenhaut. Unterschiedliche Dicken, eine innere Linie von 1 mm, in 3 mm Abstand nach außen eine zweite Linie, 3 mm dick, verleihen zusätzliche Eleganz. (Hier ist der Einsatz von Goldacrylstiften, vgl. Seite 28, zu erwägen.)

Der *Ausschnitt* des Passepartouts richtet sich nach der Form des Bildes und/oder nach der Form der Initiale, ob ein quadratisches Bild, wie Donatus: Grammatik (vgl. bitte Seite 8), oder ein schlankes, hochkantiges Bild, wie das Krönungsevangeliar (Seite 32), vorliegt. Im ersten Fall müssen der obere und untere Teil des Passepartouts nah an das Bild herangeführt werden, im zweiten Fall die linke und rechte Seite.

Um die Wirkung zu testen bestens bewährt - Schablonen zum Abdecken.

P SAL
MVS

BREVIS
est. de illo loqui
dum est caritati ue
stre. Sed titulum ha
bet aliquantulum negoti
osum. Patienter ergo susti
nete nos. donec illum eno
demus ut possumus. quantum
aduuerit dominus. Nam enim
passim ptereunda sunt hec. Quan
doquide placuit sibus. non tantum
aure et corde. sed stilo excipienda
que dicimus. ut non auditore tan
tum. sed lectore etiam cogitare debeam.
Hata est quide huic occasio psalmo ex re
quadam gesta qua uobis etiam secimus
recitari de libro regnorum. Saul enim rex
non ad pmanendum electus a dno.
sed secundum ppli cor durum et malum datus
adeorum correptione. non ad utilitate.
secundum illa sententia septuarum que ait
de deo. Qui regnare facit homine

hypochrita ppter puersitate ppli. Cum
gra tali esset saul. psequebat dauid. in quo
deus pfigurabat regnum salutis eterne.
et que deus elegerat pmansurum in seme
ne suo. quando quide futurus erat rex noster.
rex scloxe. cum quo regnaturi sum in etnu.
ex semine ipsius dauid se diin carne. Cumque
dauid ds elegisset. et pelegisset. et pdestinas
set ad regnum. noluit et ipse dauid ante
regnum tenere. qua primo a psequentibus
liberaret. ut etiam in hoc ipso figuraret
nos. idest corpus eius. cuius corporis ca
put xpc. Porro enim si ipsum caput nrm
sine pmo pacto labore in terra. regnare
in celo noluit. neq. leuare sursum corpus.
quod deorsum accepit. nisi ptribulationis
uiam. Quid audent membra sperare. ca
pite suo. magis se posse esse felicia. Si pa
tre familias beelbub uocauerunt. quanto
magis domesticos eius. Non qu speremus
molliore uia. qua pcessit eam. qua duxit
sequamur. Si ueni uestigio eius aberra
uerim. perm. In hoc ergo dauid quid
pfigurabat. uidetis. Ergo et in saul quid
pfigurabat. uidetis. Regnu malu in
saul. Regnu bonu in dauid. Mors in
saul. uita in dauid. Eteni nos non perse
quit. nisi mors. De qua in fine trium
phabimus. dicentes. Ubi est mors conten
tio tua. Ubi est mors aculeus tuus. Quod
est quod dico. Non nos psequit. non mors.
quia nisi mortales essemus. non esset quod
nobis fieret inimicus. Hug enim ange
lis quicqm facit. Ergo etiam ipsa mors
a qua maxime habemus plecutione.
cuius finis in fine conuentio. Cum resur
rexerum amortuis. finiet in nobis sicut
finita est in capite nro. Nam mortuus
ille. mortis interfector fuit. et magis
in illo mors mortua est. qua ipse in
morte. Denique etiam nomen ipsu si adten
damus. non est sine mysterio. Ham

Bei beiden Beispielen spiegelt die Form der Initialen (quadratisches P und extrem langes I) den Charakter des Bildes und damit den Ausschnitt des Passepartouts wider. Um die *Wirkung* eines Passepartouts auf ein Bild zu testen, ist es empfehlenswert, sich einige rechteckige Abfallstücke von etwas dickerem Papier aufzubewahren, um sie einmal probeweise um das Bild herum zu legen. So kann die Wirkung einer Begrenzung ohne Risiko getestet werden, eine gewünschte Veränderung z. B. zu einem breiteren Ausschnitt läßt sich durch einfaches Verschieben erreichen. Ist die schönste Position ermittelt, werden die Abstände gemessen und auf das Passepartoutpapier übertragen.

Zum *Ausschneiden* ist ein Lineal mit Stahlschiene nötig, ein Messer in der Art eines Teppichmessers und eine Unterlage, die tiefe Schnitte zuläßt und verkraftet, d. h. weich und dick genug ist, vielleicht der Pappkarton eines Zeichenblocks. Beim Schneiden kann es leicht passieren, daß das Messer in das Lineal hineinschneiden will oder aber von dem Lineal wegdriftet. Um dies zu vermeiden, kann man entweder versuchen, ganz frei - ohne Lineal - zu schneiden oder mit Hilfe eines Messers, das in einem kleinen »Schlitten« sitzend im Lineal in einer Schiene geführt wird (z. B. von der Fa. MAPED, 60 cm Lineal + Messer ca. 70,– DM). Sollen eine oder mehrere Schmucklinien den Ausschnitt des Passepartouts begrenzen, ist es empfehlenswert, diese Linien *vor* dem Zuschneiden aufzumalen. Sie lassen sich dann noch einfacher auftragen, und für den Fall, daß sich das Papier durch die Feuchtigkeit der Farbe wellt, kann das gesamte Blatt diese Spannung besser aufnehmen als ein schmales Stück.

Die Frage, wie groß das Passepartout in seinen äußeren Ausmaßen sein soll, also die Frage nach der Größe des gesamten Bildes, hängt mit dem *Bilderrahmen* zusammen. Aus Kostengründen sollte versucht werden, im Handel angebotene Maße anzustreben, z. B. 40 x 50 cm oder DIN-Maße. Ansonsten kann natürlich jede Größe durch den Kunsthandel »umrahmt« werden. Dabei ist auch eine größere Auswahl an Rahmenleisten gegeben. Was für die Farbe des Passepartoutpapiers gesagt worden ist, gilt auch für den Rahmen: Harmonie oder Kontrastierung sind abzuwägen; da eine gemalte Handschriftenseite eine starke Wirkung hat, empfiehlt es sich, auf einen begrenzenden Rahmen nicht zu verzichten; bei einem rahmenlosen Bildhalter scheint das Bild sonst optisch »herauszufallen«.

Letztlich aber gilt alleine, was Ihnen persönlich gefällt.

Schneiden aus freier Hand.

Das Messer gleitet in der Schiene.

Textübertragung in Druckschrift und Übersetzung ins Neuhochdeutsche

Wenn auch das selbstgestaltete und vielleicht verschenkte Handschriftenblatt allein Freude bereitet, so wird der Wert doch gesteigert und der Umgang mit der Handschrift noch reizvoller, wenn die Texte verstanden und literarisch und zeitgeschichtlich eingeordnet werden können.

Nachfolgend finden Sie die sechs textintensiven Blätter, die im Buch exemplarisch als Lehrmaterial dienen, mit einer zeilengleichen Übertragung in Druckschrift, der Übersetzung ins Neuhochdeutsche sowie weiteren Angaben zu Autor und Herkunft der Schrift.

Die zeilengleiche Übertragung mit allen Abkürzungen, Ligaturen, Zeichen, usw. ist eine wertvolle Übungshilfe für das exakte Erfassen anderer alter Handschriftenblätter, die man irgendwann entdeckt und einmal selbst nachschreiben will.

Partes oracionis
Quot sunt. Octo
Que, nomen p[ro]-
nomen Verbum, ad-
uerbiu[m], participiu[m]
Coniuncio, p[re]posi-
cio, Interieccio, no-
men quid est pars oracionis cu[m] casu corpus
aut rem p[ro]prie comuniter ve significans, proprie ut rom a tyberis, comuniter ut urbs
flumen, nomini quot accidu[n]t, Sex, Que,
Qualitas, Compacio, Genus, Numer[us]
Figura Casus, Qualitas no[m]m in quo e[st]
Bipertita est, quomodo, aut enim unius
rei nomen est et p[ro]priu[m] dicitur aut multoru[m]
et est appellatiuum, Comparacionis gra-
dus. quot sunt, Tres, qui, Positiuus ut
doctus compatiuus ut doctior, suplatiuus
ut doctissimus, Que nomina conpa[ra]nt[ur]

Aelius Donatus

1. Abschrift

Partes oracionis (orationis)
Quot sunt, octo
Que (-ae) nomen p(pro-)-
nomen verbum, ad-
verbiu (-ium), participiu (-ium)
coniunccio (-iunctio), p(prae-)posi-
cio (-tio), Interieccio (-iectio), no-
men quid est (?) pars oracionis (oratio-) cu (cum) casu corpus
aut rem pprie (proprie) com(m)uniterve significans, [pro-
prie ut roma tyberis, com(m)uniter ut urbs
flumen.] nomini quot accidu(n)t (?) Sex. Que (ae) ./?
Qualitas. Compacio (Comparatio), Genus, Numer (-us)
Figura Casus. Qualitas noim (nominum) in quo e (est ?)
Bipertita est: [quomodo] aut enim unius
[rei] nomen est in ppriu (proprium) dicitur aut multoru (-um)
et [est] appellativum. Comparacionis (-tionis) gra-
dus, quot sunt./? Tres. qui./? positivus ut
doctus comparativus ut doccior (doctior). suplativus (superlativus)
ut doctissimus. Que (-ae) nomina conpant (comparantur?)

2. Übersetzung

Welche Satzteile gibt es? Acht.
Welche? Nomen, Pronomen, Verb,
Adverb, Partizip, Konjunktion, Präpo-
sition, Interjektion. Was ist ein Nomen? Ein Satzteil, mit einem Casus,
das eine Person oder eine Sache
speziell oder allgemein bezeichnet.
[Speziell wie Rom und Tiber, allgemein wie Stadt und Fluß.]
Wievielen Kategorien unterliegt ein
Nomen? Sechs. Welchen? Gültigkeit
(Qualitas), Steigerung, Geschlecht
(Genus), Anzahl, Wortbildung (Figura) und Fall (Casus). Worin besteht
die Gültigkeit? Es gibt zwei Möglichkeiten: Entweder nämlich ist das
Nomen einem einzigen Gegenstand
eigen und wird »Name« genannt,
oder es ist vielen Gegenständen eigen und wird »Begriff« genannt. Wie-
viele Steigerungsstufen gibt es?
Drei. Welche? Positiv, wie gelehrt,
Komparativ, wie gelehrter und
Superlativ, wie am gelehrtesten.
Welche Nomen werden gesteigert?

3. Verfasser und Werk

Aelius Donatus, Grammatiker, lehrte
im vierten Jahrhundert in Rom;
er verfaßte einen Abriß der lateinischen Grammatik (Ars maior), daneben einen kürzeren Auszug für den
Anfangsunterricht (Ars minor); bis
ins Mittelalter und länger waren
diese die meistgebrauchten Schulgrammatiken.
Vor uns liegt Ars minor I, 1 ff.

4. Schriftart

Textura

5. Provenienz der Handschrift

Mittelrhein (?), etwa zwischen 1430
und 1470.

INCIPIT EUANGELIUM SECUNDUM MARCUM

INITIVM

EUANGELII IHU XPI FILII DI SIC
UT SCRIPTUM EST IN ESAIA PRO
PHETA ECCE MITTO ANGEL,UM
MEUM ANTE FACIEM TUAM
QUI PRAEPARABIT UIAM TUAM
UOX CLAMANTIS IN DESERTO PARATE UI
AM DNI RECTAS FACITE SEMITAS EJUS
FUIT IOHANNES IN DESERTO BAPTIZANS
ET PRAEDICANS BAPTISMUM PAENITEN
TIAE IN REMISSIONEM PECCATORUM
ET EGREDIEBATUR AD ILLUM OMNIS
IUDEAE REGIO ET HIEROSOLYMITAE
UNIUERSI ET BAPTIZABANTUR AB ILLO
IN IORDANE FLUMINE CONFITENTES
PECCATA SUA
ET ERAT IOHANNES UESTITUS PILISCAME
LI ET ZONA PELLICIA CIRCA LUMBOS EJUS
ET LOCUSTAS ET MEL,SILUESTRAE EDE
BAT ET PRAEDICABAT DICENS UENIT FOR
TIOR ME POST ME CUJUS NON SUM DIGNUS
PROCUMBENS SOL,UERE CORRIGIAM CAL,
CIAMENTORUM EJUS EGO BAPTIZAUI UOS

Markus Evangelium

1. Abschrift

INCIPIT EVANGELIUM SECUNDUM MARCUM

IN ITIVM
EVANGELII IHU XPI FILII DI SIC
UT SCRIPTUM EST IN ESAJA PRO
PHETA ECCE MITTO ANGELUM
MEUM ANTE FACIEM TUAM
QUI PRAEPARABIT VIAM TUAM
VOX CLAMENTIS IN DESERTO PARATE VI
AM DNI RECTAS FACITE SEMITAS EJUS
FUIT IOHANNES IN DESERTO BAPTIZANS
ET PRAEDICANS BAPTISMUM PAENITEN
TIAE IN REMISSIONEM PECCATORUM
ET EGREDIEBATUR AD ILLUM OMNIS
IUDEAE REGIO ET HIEROSOLYMITAE
UNIVERSI ET BAPTIZABANTUR AB ILLO
IN IORDANE FLUMINE CONFITENTES
PECCATA SUA
ET ERAT IOHANNES VESTITUS PILIS CAME
LI ET ZONA PELLICIA CIRCA LUMBOS EJUS
ET LOCUSTAS ET MEL SILVESTRAE EDE
BAT ET PRAEDICABAT DICENS VENIT FOR
TIOR ME POST ME CUIUS NON SUM DIGNUS
PROCUMBENS SOLVERE CORRIGIAM CAL
CIAMENTORUM EJUS EGO BAPTIZAVI VOS

2. Verfasser und Werk

Markus Evangelium Kapitel 1,
Verse 1 bis 8a

3. Provenienz

Krönungsevangeliar aus dem
8. Jahrhundert

4. Schriftarten und Beschreibstoff

Überschrift in Capitalis rustica, Titel
in Capitalis Romana, Text in Unziale.
Goldtinte auf Purpur.

5. Text

(1) Initium evangelii Iesu Christi
Filii Dei. (2) Sicut scriptum est in
Isaia propheta: »Ecce mitto angelum meum ante faciem tuam, qui
praeparabit viam tuam; (3) vox
clamantis in deserto: »Parate viam
Domini, rectas facite semitas eius«;«
(4) fuit Ioannes Baptista in deserto
praedicans baptismum paenitentiae
in remissionem peccatorum. (5) Et
egrediebatur ad illum omnis Iudae-
ae regio et Hierosolymitae universi
et baptizabantur ab illo in Iordane
flumine confitentes peccata sua.
(6) Et erat Ioannes vestitus pilis ca-
meli, et zona pellicea circa lumbos
eius, et locustas et mel silvestre
edebat. (7) Et praedicabat dicens:
»Venit fortior me post me, cuius
non sum dignus procumbens solvere corrigiam calceamentorum eius.
(8) Ego baptizavi vos (aqua; ille
vero baptizabit vos in Spiritu
Sancto«.

6. Übersetzung

(1) Dies ist der Anfang des Evangeliums von Jesus Christus, Gottes
Sohn. (2) Wie geschrieben steht im
Propheten Jesaja: »Siehe, ich sende
meinen Boten vor dir her, der da
bereite deinen Weg; (3) es ist eine
Stimme eines Predigers in der
Wüste: »Bereite den Weg des Herrn,
machet seine Steige richtig.« (4) Johannes der Täufer war in der Wüste
und predigte die Taufe der Buße
zur Vergebung der Sünden. (5) Und
es ging zu ihm hinaus das ganze
jüdische Land, und alle Leute von
Jerusalem und bekannten ihre Sünden und ließen sich von ihm taufen
im Jordan. (6) Johannes aber war
bekleidet mit Kamelhaaren und mit
einem ledernen Gürtel um seine
Lenden und aß Heuschrecken und
wilden Honig. (7) Und er predigte
und sprach: »Es kommt einer nach
mir, der ist stärker als ich, und ich
bin nicht würdig genug, daß ich
mich bücke und die Riemen seiner
Schuhe auflöse. (8) Ich taufe euch
(mit Wasser; er aber wird euch mit
dem Heiligen Geist taufen.«

CICERO BRVTO · SAL · D ·

CLODI
VS · TR ·
PL · DESI
GNATVS
VALDE
ME DILI
GIT VEL VT EMФATI
KŴTEP" VALDE ME AMAT
QVOD CVM MIHI ITA
PERSVASVM SIT NON
DVBITO (BENE · N · ME
NOSTI) QVIN ILLVM
QVOQVE IVDICES A'
ME AMARI · NIHIL · N ·
MIHI MINVS HOMI
ris uidetur: q̃ nõ respondere in amore his a'quibus

Cicero
ad Brutum I, 1

1. Abschrift

CICERO BRUTO . SAL . D
CLODI
VS . TR
PL . DESI
GNATVS
VALDE
ME DILI

L GIT VELUT ЄMФATI
KШTEP« VALDE ME AMAT
QVOD CUM MIHI ITA
PERSVASVM SIT NON
DVBITO (BENE . N. ME
NOSTI) QVIN ILLVM
QVOQVE IVDICES A'
ME AMARI . NIHIL. N.
MIHI MINVS HOMI
nis videtur: q̄ nõ respondere in amore his a' quibus

2. Autor und Werk

Marcus Tullius Cicero: Epistulae ad Brutum I, 1; geschrieben 43 v. Chr. an Brutus

3. Herkunft und Entstehungszeit der Handschrift

Italien, 15. Jahrhundert

4. Schriftarten

Capitalis Romana, letztere Zeile: Karolingische Minuskel

Text

Cicero Bruto salutem dicit.
Lucius Clodius, tribunus plebis designatus, valde me diligit vel, ut
ἐμφατικώτερον dicam, valde me amat.
Quod cum mihi ita persuasum sit, non dubito (bene enim me nosti) quin illum quoque iudices a me amari. Nihil enim minus hominis videtur quam non respondere in amore iis a quibus (provocere.

6. Übersetzung

Cicero grüßt Brutus.
Lucius Clodius, der für das kommende Jahr vorgesehene Volkstribun, schätzt mich sehr - oder, um es eindrücklicher zu sagen, er liebt mich sehr.
Weil ich davon so überzeugt bin, zweifle ich nicht (du kennst mich ja gut), daß du der Meinung bist, daß auch jener von mir geliebt wird. Nichts scheint nämlich weniger menschlich, als deren Liebe nicht zu erwidern, die einen ihrerseits dazu herausfordern. (wörtlicher:
... weniger menschlich, als denen nicht in Liebe zu antworten, von denen du herausgefordert werden magst.)

PSAL
MVS

BREVIS
est. de illo loqn
dum est caritati ue
stre? Sed titulum ha
bet aliquantulu negoti
osum. Patienter ergo susti
nete nos. donec illum eno
demus ut possumus. q̄ntū
aduuerit dominus. Neq̄ eni
passim ptereunda sunt hec. Qn
doquide placuit sribus. n̄ tantum
aure et corde. sed et stilo excipienda
que dicimus. ut non auditore tan
tum. sed lectore etia cogitare debeam.
Hata est quide huic occasio psalmo ex re
quada gesta quā nobis etia fecimus
recitari de libro regnoȝ. Saul enī rex
non ad pmanendū electus a dn̄o.
sed scdm ppli cor durū et malū datus
ad eoȝ correptione. n̄ ad utilitate.
scdm illa sententia scripturaȝ que ait
de deo. Qui regnare facit homine

hypochritā ppt puersitate ppli. Cum
q̄ datus esset saul. psequebat dauid. inquo
deus psigurabat regnum salutis eterne.
et que deus elegerat pmansurū in semi
ne suo. qūdo quide futurus erat rex noster.
rex sctoȝ. cū quo regnaturi sum in et̄nū.
ex semine ipsius dauid scdn carne. Cūq̄
dauid ds elegisset. et pelegisset. et pdestinas
set ad regnum. noluit et ipsū dauid ante
regnū tenere. quā primo a psequentibus
liberaret. ut etia in hoc ipso figuraret
nos. idest corpus eius. cuius corporis ca
put xp̄c. Porro enī si ipsū caput nr̄m
sine pmo pacto labore in terra. regnare
in celo noluit. neq̄. leuare sursū corpus.
quod deorsū accepit. nisi ptribulationis
uiam. Quid audent membra sperare. ca
pite suo. magis se posse esse felicia. Si pa
tre familias beel hebub uocauerunt. quātu
magis domesticos eius. Non q̄ speremꝰ
molliore uā. qua pcessit eam? qua duxit
sequamur. Si eni uestigio eius aberra
uerim? perim? In hoc ergo dauid quid
psigurabat ῀. uidetis. Ergo et in saul q̄d
psigurabat ῀. uidetis. Regnū malū in
saul. Regnū bonū in dauid. Mors in
saul. uita in dauid. Eteni nos n̄ perse
quit῀. nisi mors. Dequa in fine trium
phabimus. dicentes. Ubi est mors conten
tio tua. Ubi est mors aculeus tuus. Qd
est qd dico. Non nos psequit῀. n̄ mors.
quia nisi mortales essemꝰ. n̄ esset quod
nobis faceret inimicus. Huq̄d eni ange
lis quicqm̄ facit. Ergo etia ipsa mors
a qua maxime habemus plecutione.
cuius finis ῀ in fine contentio. Cū resur
rexerimꝰ a mortuis. sinuet῀ in nobis sicut
sinita est in capite nr̄o. Nā mortuus
ille. mortis interfector fuit. et magis
in illo mors mortua est. quā ipse in
morte. Deniq̄. etia nomen ipsius si adten
damus. non est sine mysterio. Ham

Augustin über Psalm 51

1. Abschrift und Text

Incipit Sermo sancti
Augustini episcopi
De psalmo quinquagesimo
                    primo

P SAL-
MUS
BREVIS

est, de illo/quo loqn -
dum est/suscepimus caritate ve -
stre (-trae); Sed titulum habet aliquantulu (-lum) negoti-
osum. Patienter ergo susti-
nete nos, donec illum eno -
demus, ut possumus, qªntu (quantum)
adiuverit dominus. Neq eni (Neque enim)
passim ptereunda (praetereunda) sunt hec (haec); Qªn- (Quan-)
doquide (doquidem) placuit fribus (fratribus), n (non) tantum
aure et corde, sed et stilo excipienda
que (quae) dicimus; ut non auditore (-rem) tan -
tum, sed [et] lectore (-rem) etia (-iam) cogitare debeam (-beamus).
Nata est quide (-dem) huic occasio psalmo ex re
quada (-dam) gesta, qua (quam) vobis etia (-iam) fecimus
recitari de libro regnor(um). Saul eni (enim) rex
non ad pmanendu (permanendum) electus a dno (domino),
sed scdm (secundum) ppli (populi) cor duru (-rum) et malu (-lum) datus
ad eoru (eorum) correptione (-nem), n (non) ad utilitate (-tem),
scdm (secundum) illa (-lam) sententia (-iam) [sanctarum]
        scpturaru (scripturarum), que (quae) ait
de deo: Qui regnare facit homine (-nem)
hypoc(h)rita (-tam), ppt (propter) pversitate (perversitatem)
        ppli (populi); Cum
g (ergo) talis esset saul, psequebat (persequebatur) david, in quo
deus pfigurabat (prae-) regnum salutis eterne (aeternae),
et que (quem) deus elegerat pmansuru (permansurum) in semine suo; qndo (quando) quide (-dem) futurus erat rex noster,
rex sclor (saeculorum) cu (cum) quo regnaturi sum (sumus) in
        etnu (aeternum),
ex semine ipsius david scdm (secundum) carne (-nem). Cu (Cum) g (ergo)
david ds (deus) elegisset, et pelegisset (prae-), et pdestinas- (prae-)
set ad regnum, noluit et ipsu (-sum) david ante
regnu (-num) tenere, qua (quam) primo a psequentibus (per-)
liberaret; ut etia (-iam) in hoc ipso figuraret
nos, id est corpus eius, cuius corporis ca -
put xpc (Christus). Porro eni (enim) si ipsu (-sum) caput nrm (nostrum)
sine pmo (primo) pacto (peracto) labore in terra, regnare
in celo (caelo) noluit, neq (neque) levare sursu (-sum) corpus

quod deorsu (-sum) accepit, nisi p (per) tribulationis
viam; Quid audent membra sperare ca -
pite suo magis se posse esse felicia? Si pa -
tre(m) familias beelzebub vocaverunt, qnto (quanto)
magis domesticos eius? Non g (ergo) sperem (-mus)
molliore (-rem)/meliorem via (viam); qua pcessit (prae-) eam (-mus),
qua duxit
sequamur. Si eni (enim) vestigio eius aberra-
verim (-mus)/aberravimus, perim (-mus). In hoc ergo david quid
pfigurabat (praefigurabatur), videtis; Ergo et in saul qd (quid)
pfigurabat (praefigurabatur), videtis: Regnu (-num) malu (-lum) in
saul, Regnu (-num) bonu (-num) in david; Mors in
saul, [et] vita in david. Eteni (Etenim) nos n (non) perse-
quit (-tur) nisi mors, De qua in fine trium-
phabimus, dicentes: Ubi est, mors, contentio tua? Ubi est, mors, aculeus tuus? Qd (Quid)
est q̃d (quod) dico, Non nos psequit (persequitur) n (nisi) mors?
quia nisi mortales essem (-mus), n (non) esset quod
nobis faceret inimicus. Nuqd (Numquid) eni (enim) ange-
lis quicqm (quic/dquam) facit? Ergo etia (etiam) ipsa mors
a qua maxime habemus psecutione (persecutionem),
cuius finit (-tur) in fine contentio Cu (Cum) resur-
rexerim (-mus) a mortuis, < finiet (-tur) in nobis > sicut
finita est in capite nro (nostro), [sic finietur et in
nobis, si iusti fuerimus inventi.] Na (Nam) mortuus
ille mortis interfector fuit, et magis
in illo mors mortua est, qua (quam) ipse in
morte. Deniq (Denique) etia (etiam) nomen ipsu (-sum) si adten-
damus, non est sine mysterio. Nam

( ) = eine Abkürzung wird aufgelöst
[ ] = etwas wird in den Text eingefügt
< > = etwas wird gestrichen
/ = etwas im Text wird ersetzt durch etwas anderes.

2. Verfasser und Werk

Aurelius Augustinus (354 - 430 n. Chr.), Enarrationes in Psalmos

3. Provenienz

Kloster St. Maria Magdalena in Großfrankenthal (bei Worms); um 1160/1165, der Anfangsbuchstabe wahrscheinlich im 15. Jahrhundert übermalt, da er dem Zeitgeschmack als »zu spröde« galt. Enarrationes = Cod. Pal. Lat. 203-205, hier Ps. 51 = 204, fol 1

4. Schriftart

Ausgehende Karolingische Minuskel im Übergang zu den Gotischen Schriften, der späteren Textura; viele Abkürzungen (n̄ = non, d̄s̄ = dominus, c̄ū = cum usw.)

5. Übersetzung

Es beginnt das Gespräch des Heiligen Bischofs Augustin über den 51. Psalm:
Der Psalm ist kurz, über ihn muß gesprochen werden mit eurer Lie-

be / wir haben es auf uns genommen; aber das ist ein bißchen mühevoll. Geduldig also ertragt uns, solange wir jenes erklären, so gut wir es können, so viel uns Gott helfen wird. Dies darf nämlich nicht allenthalben übergangen werden; da es ja den Brüdern beliebte, daß das nicht nur mit dem Ohr und dem Herzen, sondern auch mit dem Schreibstift aufgenommen werden muß, was wir sagen; so daß wir nicht nur an den Hörer, sondern besonders auch an den Leser denken müssen.

Die Gelegenheit zu diesem Psalm ist aus einem bestimmten geschichtlichen Ereignis entstanden, zu dem wir euch veranlaßt haben, daß es aus dem Buch der Könige vorgetragen wird. Saul nämlich ist als König nicht auf Immerwährend von Gott erwählt, sondern passend zu seinem Volk wurde ihm ein hartes und schlechtes Herz gegeben, um sie zu packen, nicht zu ihrem Vorteil, entsprechend jener Meinung der heiligen Schriften, die von Gott sagt: Er läßt einen Heuchler regieren wegen der falschen Gesinnung des Volkes. Während nun Saul so geartet war, folgte David, in welchem Gott die Herrschaft ewigen Heils vorgeformt hat, und den Gott als einen ausgewählt hat, der in seinem Geschlecht immer bleiben wird. Da ja unser König, König der Zeitalter, mit dem wir in Ewigkeit regieren werden, aus seinem Geschlecht Davids aus seinem Fleisch kommen würde. Da also Gott David erwählt hatte, und ihn vorhererwählt hatte, und ihn vorherbestimmt hatte zur Königsherrschaft, wollte er nicht, daß auch David selbst vorher die Herrschaft innehatte, als er ihn zuerst von den Verfolgern befreit hatte; so daß er auch in eben diesem uns geschaffen hat, ist es sein Körper, dessen Haupt Christus ist. Weiterhin, wenn also unser Herr (wörtl.: Haupt) selbst ohne erstmal Mühsal auf der Erde vollbracht zu haben im Himmel nicht regieren wollte, dann nahm er auch nicht an den Körper aufwärts zu heben, der nach unten gerichtet war, außer durch den Weg von Trübsal. Was wagen die Glieder zu hoffen, glücklicher sein zu können als ihr Haupt? Wenn sie den Vater der Familie Beelzebub gerufen haben, um wieviel mehr seine Hausangestellten? Also laßt uns nicht auf einen weicheren Weg hoffen; auf dem er vorangeht, wollen wir gehen; auf dem er führt, wollen wir folgen. Wenn wir nämlich von seiner Spur abirren, sind wir verloren. Was in David also vorgebildet wurde, seht ihr; was in Saul vorgebildet wurde, seht ihr; schlechtes Königtum in Saul, gutes Königtum in David; Tod in Saul und Leben in David. Denn uns verfolgt nichts außer der Tod, über den wir im Sterben triumphieren werden, indem wir sagen: Wo ist, Tod, dein Sieg? Wo ist, Tod, dein Stachel? Was heißt es, wenn ich sage, uns folgt nichts außer dem Tod? Wenn wir nämlich keine Sterblichen wären, gäbe es nichts, was als Feind gegen uns handeln würde. Macht es etwa den Engeln irgendetwas? Also ist es auch der Tod selbst, von dem wir die größte Verfolgung erleiden, dessen Sieg im Sterben beendet wird, da wir von den Toten auferstehen werden; so, wie er beendet wurde bei unserem Herrn, so wird er auch bei uns beendet werden, wenn wir als Gerechte befunden werden. Denn jener hat mit seinem Tod den Tod umgebracht, und mehr ist der Tod durch jenen gestorben, als er selbst durch den Tod.

Schließlich ist auch sein Namen selbst, wenn wir darauf achten wollen, nicht ohne jedes Geheimnis.

Caesar
Gallischer Krieg

1. Text

(mit Korrekturen und Auflösungen der Abkürzungen; Zahlen entsprechen den Textzeilen der Handschrift)

INCIPIT LIBER GAII CESA
RIS BELLI GALLICI IVLIA
NI DE NARRATIONE
TEMPORUM

INCIPIT LIBER SUETONII

(1) Gallia est omnis divisa in partes tres. Quarum unam incolunt belge (Belgae) aliam aquitani tertiam qui ipsorum lingua celte (-ae)
nra (nostra) galli appellantur. hi oms (omnes) lingua institutis legibus in-
ter se differunt. Gallos ab aquitanis garunna flumen. a belgis
(5) matrona & (et) sequana dividit. horum omnium fortissimi sunt belgae.
propterea quod a cultu atque humanitate provinciae longissime ab-
sunt. minimeque ad eos mercatores saepe commeant atq. (-que) ea quae ad
effeminandos animos pertinent inportant/important. Proximique sunt germanis qui trans rhenum incolunt. quibuscum continenter bellŭgeř (bellum gerunt)
(10) Qua de causa helvetii quoq (-que) reliquos gallos virtute precedunt (praecedunt). quod fere
cotidianis proeliis cum germanis contendunt. cum aut suis finibus eos
prohibent aut ipsi in eorum finibus bellum gerunt. Eorum una pars quam
gallos optinere (obtinere) dictum est. initium capit a flumine rhodano continetur garunna flumine oceanum/oceano finibus belgarum attingit. etiam ab sequanis et
(15) helvetiis flumen rhenum vergit ad septentriones, Belgae ab extremis
galliae finibus oriuntur. pertinent ad inferiorem partem fluminis rheni. spectant in septentrionem et orientem solem. Aquitania a garun-

2. Verfasser und Werk

Gaius Iulius Caesar (100 - 44 v.
Chr.), De Bello Gallico I, 1 ff.

3. Provenienz

Codex Amstelodamensis aus dem
9./10. Jahrhundert

4. Schriftarten

Überschrift: Capitalis quadrata mit
Anlehnungen an Unziale (E/M)
Zwischenüberschrift: reine Unziale
Text: Karolingische Minuskel

5. Übersetzung

(Zahlen entsprechen in etwa den
Textzeilen der Handschrift)
Es beginnt das Buch des Gaius
Caesar über die Erzählung der
Begebenheiten des iulianischen
gallischen Krieges

Es beginnt die Ausgabe des Sueton

(1) Gallien ist im Ganzen in drei Teile gegliedert. Von denen besiedeln
einen (2) die Belger, den zweiten die
Aquitanier und den dritten die, welche in ihren eigenen Sprache Kel-
ten, (3) in unserer Gallier genannt
werden. Sie alle unterscheiden sich
durch Sprache, Gepflogenheiten
und Gesetze unter-(4)einander. Die
Gallier trennt von den Aquitaniern
die Garunna (Garonne), von den
Belgern (5) die Matrona (Marne) und
die Sequana (Seine). Von ihnen
allen sind die Belger am tapfersten,
(6) weil sie von der Zivilisation und
Bildung der (römischen) Provinz am
weitesten entfernt (7) sind, und am
wenigsten Händler zu ihnen kommen und das, was zur (8) Verweich-
lichung führt, mitbringen. Außerdem sind sie den Ger-(9)-manen, die
auf der anderen Seite des Rheins le-

ben, am nächsten. Mit ihnen führen
sie dauernd Krieg. (10) Aus diesem
Grunde auch übertreffen die Helve-
tier die übrigen Gallier an Tapfer-
keit, da sie in fast (11) täglichen Ge-
fechten mit den Germanen Ausein-
andersetzungen austragen, indem
sie entweder diese von ihrem Gebiet
(12) abwehren, oder selbst in deren
Gebiet Krieg führen. Von den genannten Teilen beginnt der eine,
den, (13) wie gesagt, die Gallier ein-
nehmen, beim Rhodanus (Rhone)
und wird von der Ga-(14)-runna,
dem Ozean und dem Gebiet der
Belger begrenzt, reicht zudem von
den Sequanern und (15) Helvetiern
her bis an den Rhein und erstreckt
sich nach Norden. Das Gebiet der
Belger beginnt an der entferntesten
(16) Grenze Galliens und dehnt sich
bis zum Unterlauf des Rheins (17)
mit Blick nach Norden und Osten
aus.

Augustinus: Über das Gut der Ehe

SCT AUGUSTINI DE BONO CONIUGALI

Quoniam unusquisq. homo humani generis
pars est. et sociale quiddam est humana
Natura magnumq. habet et naturale bonum
uim quoq. amicitiae ob hoc ex uno duo luit
omnes homines condere. Ut in sua societate
non sola similitudine generis sed etiam cognatio
nis uinculo tenerentur: Prima itaq. natura
lis humanae societatis copula uir et uxor est ·
quos nec ipsos singulos condidit ds et tamquam
alienigenas iunxit. Sed alteram creauit ex alte
ro· Signans etiam uim coniunctionis in latere
unde illa detracta formata est· Lateribꝰ eni͛
sibi iungunturqui pariter ambulant et pariter
quoambulant intuentur· Consequens conexio
societatis in filiis qui unus honestus fructus est
non coniunctionis maris et feminae· sed concu
bitus· Poterat enim esse in utroq. sexu etiam
sine tali commixtione alterius regentis. alte
rius obsequentis amicalis quaedam et germana
coniunctio· Nec nunc opus est ut scrutemur·
et in ea quaestione definita ms sententiam profe
ramus. Unde primorum hominum proles pos
set existere. quos benedixerat ds dicens cres
cite et multiplicamini et inplete terram· si non
peccassent. Cum mortis condicionem corpo
ra eorum peccando meruerint. Necesse con
cubitus nisi mortalium corporum possit·
plures enim de hac re sententiae diuersaeq. ex
titerunt· Et si examinandum sit ueritati diuina
rum scribturarum quaenam earum potissimum.
congruat prolixae disputationis negotium est·
si uero sine coeundi conplexu· alio aliquo mo
do si non peccassent habituri essent filios ex

1. Abschrift und Text

SCT (Sancti) AUGUSTINI DE BONO CONIUGALI

Quoniam unus quisq. (-ue) homo himani generis
pars est. et sociale quiddam est humana
natura. magnumq. (-ue) habet et naturale bonum
vim quoq. (-ue) amicitiae. ob hoc ex uno ds (deus) voluit
omnes homines condere. ut in sua societate
non sola similitudine generis. sed etiam cognatio
nis vinculo tenerentur.   prima itaq. (-ue) natura
lis humanae societatis copula vir et uxor est.
quos nec ipsos singulos ciondidit ds (deus) et tamquam
alienigenas iunxit.   Sed alteram creavit ex alte
ro.   Signans etiam vim coniunctionis in latere

unde illa detracta formata est.   Laterib. (-us) enĩ (enim)
sibi iunguntur qui pariter ambulant. et pariter
quo ambulant intuentur.   Consequens (est) conexio
societatis in filiis qui unus honestus fructus est
non coniunctionis maris et feminae. sed concu
bitus.   Poterat enim esse in utroq. (-ue) sexu. etiam
sine tali commixtione alterius regentis. alte
rius obsequentis amicalis quaedam et germana
coniunctio.   Nec nunc opus est ut scrutemur.
et in ea quaestione definitam sententiam profe
ramus.   Unde primorum hominum proles pos
set existere. quos benedixerat d̄s (deus) dicens cres
cite et multiplicamini et inplete terram. si non
peccassent   Cum mortis condicionem corpo
ra eorum peccando meruerint   Nec esse con
cubitus nisi mortalium corporum possit.
plures enim de hac re sententiae diversaeq. (-ue) ex
titerunt. b   Et si examinandum sit veritati divina
rum scripturarum quaenam earum potissimum.
congruat prolixae disputationis negotium est.
sive ergo sine coeundi conplexu. alio aliquo mo
do si non peccassent habituri essent filios ex
          (munere omnipotentissimi creatoris ...

2. Verfasser und Werk

Aurelius Augustinus: Opuscula: De bono coniugali I, 1 ff. 400/401 n. Chr. verfaßt;

3. Provenienz

Italien, um 600 n. Chr.

4. Schrift

Überschrift wie Text: Unziale

5. Übersetzung

Da ja jeder Mensch ein Teil des Menschengeschlechts ist, und die menschliche Natur etwas Soziales ist und ein großes und natürliches Gut hat, auch die Kraft der Freundschaft, deswegen wollte Gott aus dem Einen alle Menschen schaffen, daß sie in ihrer Gemeinschaft nicht nur durch die Ähnlichkeit ihrer Herkunft, sondern auch durch die Verbindung der Erkenntnis gehalten werden. Die erste natürliche Verbindung der menschlichen Gemeinschaft ist deshalb Mann und Frau. Diese hat Gott nicht jeweils einzeln geschaffen und gleichsam als von verschiedenem Ursprung Stammende verbunden, sondern er schuf die eine aus dem anderen, die Kraft der Verbindung auch in der Seite zeigend, von wo jene genommen und gebildet wurde. Mit ihren Seiten nämlich verbinden sich die, die gemeinsam gehen und gemeinsam schauen, wohin sie gehen.
Es folgt die Verbindung der Gemeinschaft in den Kindern, die die ehrenvolle Frucht nicht der Verbindung von Mann und Frau, sondern des Beischlafs sind.
Es konnte nämlich in beiden Geschlechtern eine gewissermaßen freundschaftliche und geschwisterliche Verbindung geben, auch ohne eine solche Zusammenstellung, daß der eine herrscht und der andere gehorcht.
Nun ist es aber nicht notwendig, daß wir forschen und in dieser Frage eine endgültige Antwort zu Tage fördern, woher die Nachkommenschaft der ersten Menschen hätte hervorgehen können, die Gott gesegnet hatte, indem er sprach: wachst und vermehrt euch und füllt die Erde an, wenn sie nicht gesündigt hätten, da ihre Körper ja ihre sterbliche Beschaffenheit durch die Sünde verdient hatten, und es einen Beischlaf außer von sterblichen Körpern nicht geben kann.
Es gibt über diese Sache mehrere gegensätzliche Ansichten. Und wenn man dieses untersuchen wollte, welche Meinung mit der Wahrheit der göttlichen Schriften am ehesten übereinstimmt, ist dies die Aufgabe einer langwierigen Erörterung.
Sei es also, daß sie ohne Umarmung des Beischlafs auf irgendeine andere Weise, wenn sie nicht gesündigt hätten, Kinder hätten haben sollen, durch (das Geschenk des allmächtigen Schöpfers ...

Literaturverzeichnis

Bibliotheca Palatina. Katalog zur Ausstellung. Bildband und Textband, hrsg. von Elmar Mittler u. a.. Heidelberger Bibliotheksschriften 24. - Heidelberg: Edition Braus 1986

Bischoff, Bernhard: Paläographie des römischen Altertums und des abendländischen Mittelalters. - Berlin: Erich Schmidt Verlag 1979

Bologna, Giulia: Handschriften und Miniaturen - Das Buch vor Gutenberg. - München: Südwest Verlag 1989

Burla, Sabine und Vollmer, Ernst: Schrift schreiben - Ein Buch zum Erlernen verschiedener Schriftformen mit Vorlagen und Beispielen. - Ravensburg: Otto Maier Verlag 1983

von Brandt, Ahasver: Werkzeug des Historikers - Eine Einführung in die historischen Hilfswissenschaften. - Stuttgart: Kohlhammer Verlag 6. Auflage 1971

Faulmann, Carl: Das Buch der Schrift enthaltend die Schriftzeichen und Alphabete aller Zeiten und aller Völker des Erdkreises. - Nördlingen: Greno Verlag 1985. Reprint der Wiener Auflage von 1880

Giese, Günther: Magazine der Gelehrsamkeit - Glanz und Ruin antiker Bibliotheken. - in: DAMALS. Das Geschichtsmagazin. 21. Jahrgang Januar 1989. Seite 70 bis 84.

de Goede, Julius: Kalligraphie - Schönschreiben lernen. - Augsburg: Augustus Verlag 1990

de Goede, Julius: Schrift - Die schönsten kalligraphischen Alphabete. - Augsburg: Augustus Verlag 1989

Das Göttinger Musterbuch als Faksimile: The Göttingen Modelbook, hrsg. von H. Lehmann - Haupt. 1972

Harmann, Christine: Die Kunst des schönen Schreibens - Kalligraphie. - Frankfurt/M.: Büchergilde Gutenberg 1987.

Jackson, Donald: Alphabet. Die Geschichte vom Schreiben. - Frankfurt/M.: Wolfgang Krüger Verlag 1981

Paoli, Ugo Enrico: Das Leben im Alten Rom. - Bern und München: Francke Verlag 3, Auflage 1979. Besonders darin Kapitel IV: Papier, Bücher, Korrespondenz, Zeitungen und Post. Seite 201 bis 218.

Roosen-Runge, Heinz: Farbgebung und Technik frühmittelalterlicher Buchmalerei. - München/Berlin: Deutscher Kunstverlag 1967

Trost, Vera: Skriptorium. Die Buchherstellung im Mittelalter. Begleitheft zur Ausstellung Bibliotheca Palatina, Heidelberg 1986. - Heidelberger Bibliotheksschriften 25

Wattenbach, Wilhelm: Das Schriftwesen im Mittelalter. - Leipzig: Hirzel 3. Auflage 1896

Für Hinweise und Anregungen zu diesem Buch bedanken sich Verfasser und Verlag. Übrigens: Die im Buch enthaltenen Handschriften können als originale Abschriften vom Verfasser bezogen werden.

Klaus Höffler-Preißmann
Fischtorstraße 12
6500 Mainz

Anschrift des Verlages:
Augustus Verlag Augsburg
Steinerne Furt 70
8900 Augsburg